明智光秀と琵琶湖

大沼芳幸 著

海青社

序

明智光秀に関しては、反逆者のイメージがどうしても先に立つ。その人物像にしても、「温厚な文化人」と評価されることが多いが、一方では、

　彼は、裏切りや密会を好み、刑を課するに残酷で、独裁的でもあったが、己を偽装するのに抜け目がなく、戦争においては謀略を得意とし、忍耐力に富み、計略と策謀の達人であった。

　また、築城のことに造詣が深く、優れた建築手腕の持ち主で、選り抜かれた闘いに熟練の士を使いこなしていた。

（ルイス・フロイス『日本史』）


のように、全く逆の人物像が記録されている。

　本能寺の変の原因説についても、細かなバリエーションを含めれば二〇〇程の説があるといわれている。真実は一つしかないが、その各々の説を唱える者にとっては、それぞれ

が事実である。もはや真実の解明は、不可能に近いと言わざるを得ない。

一方、光秀は最後まで、活動の基盤を琵琶湖が創り出した近江に置いていたことは、間違いない。晩年、近畿管領的な地位を得るが、その本拠はあくまでも琵琶湖の畔の坂本城である。この動かしがたい事実を踏まえるならば、本能寺の変の原因を琵琶湖に求めることも間違いとは言えない。

本書では、琵琶湖を通して光秀の行動を追い、ここから焙り出される光秀の人物像に迫る。そして、何故、光秀が本能寺の変を決断したのか、その思いに迫るため、要所で「明智光秀」に、一人称で想いを語らせた。

そして、本書には、この想いを読者が共有し、実際に光秀に関連する歴史文化遺産を探訪していただくための、ガイドブックとしての役割も担わせている。本書を片手に、明智光秀を巡る歴史の旅にお出かけください。

※本書中の「湖水」とは琵琶湖をあらわす。光秀の時代には、琵琶湖の表現はなく、「湖水」「大湖」「海」等と表現していた。

地図にみる明智光秀の足跡

（　）内は本文のページ。アクセスは本文を参照

1 観音寺城(p10, C5)
2 桑實寺(p11, C5)
3 園城寺(p12, A6)
4 佐生日吉城(p13, C5)
5 朽木市場(p16, B4)
6 十兵衛屋敷(p19, D5)
7 宇佐山城(p.27, A6)
8 佐和山城(p.28, D4)
9 山王鳥居(p.31, A6)
10 供所神社・志津若宮神社(p.31, A6)
11 日吉大社(p.34, A6)
12 延暦寺(p.37, A6)
13 慈眼堂(p.39, A6)
14 坂本城(p.46, B6)
15 壺笠山城(p.47, A6)
16 沖島(p.51, C5)
17 海津(p.52, C3)
18 塩津(p.53, C2)
19 余呉湖(p.54, D2)
20 山本山城(p.55, D3)
21 竹生島(p.57, C3)
22 浮御堂(p.60, B6)
23 堅田(p.61, B6)
24 堅田城(p.63, B6)
25 天然図画亭(p.65, B6)
26 打下城(p.70, B4)
27 歓喜寺城(p.71, B5)
28 ダンダ坊(p.73, B4)
29 日爪城(p.74, B3)
30 大溝城(p.75, C4)
31 清水山城(p.77, B3)
32 田中城(p.79, B4)
33 西教寺(p.90, A6)
34 聖衆来迎寺(p.91, A6)
35 盛安寺(p.91, A6)
36 勢田橋(p.109, B7)
37 多景島(p.118, D4)

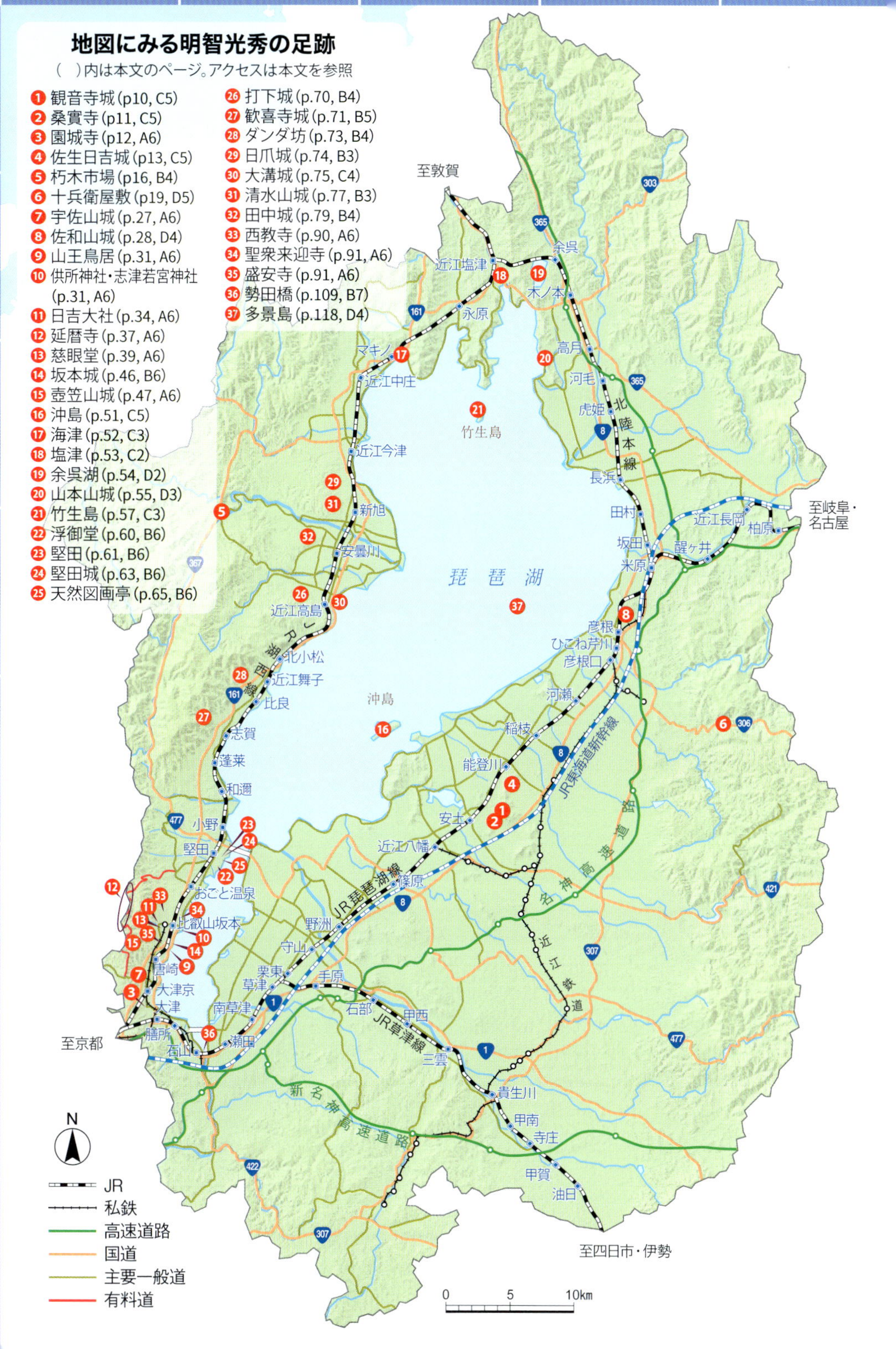

プロローグ　琵琶湖に出会うまで

明智光秀の出生に関する良質の資料は全くない。本能寺の変への関与を疑われることを恐れた光秀の関係者達が、その記録を抹殺したからとも伝えられる。現在流布している光秀の経歴に関しては『明智軍記』によるところが多い。しかし、この書物は所謂「軍記物」と呼ばれる小説の類であり、史実を反映しているものではない。

光秀がほぼ確実に歴史上に登場するのは、永禄十一年（１５６８）に、上洛を熱望する足利義昭と、織田信長の間を取り持った時点であり、信頼性の高い文献にその名が見えるのは、翌永禄十二年に勃発した六条合戦の記録である。ここから、光秀の歴史は始まる。光秀の歴史は、信長、そして琵琶湖との出会いから始まり、本能寺の変による琵琶湖との別れにより、幕を下ろしたことになる。光秀の歴史は、琵琶湖と共にある。

また、光秀の年齢にも諸説あり、『明智軍記』では享年五十七歳、『当代記』という、まだ信頼性のある資料では享年六十七歳とされている。何れにしてもかなり高齢で本能寺の変に及んだ事になる。この年齢的な事も、本能寺の変に及んだ原因の一つとも考えられる。

ともあれ、一般的に伝えられる歴史以前の光秀の経歴は、以下のように語られる。光秀は、美濃の土岐氏の傍流の出で、明智城（岐阜県可児市）に在城し、斎藤道三に与《くみ》していた。しかし、弘治二年（１５５６）、道三が斎藤義龍に敗れると、上洛して十三代将軍足利義輝の足軽となる。ところが、永禄八年（１５６５）、義輝は三好三人衆等の襲撃を受け自害。光秀は再び浪人となり、諸国を遍歴するが、越前の朝倉義景に五百貫文（大雑把に換算して年俸五千万円）で仕官する。

ここに、足利義昭が登場する。義昭は義輝の弟で、義輝が自害に追い込まれると、興福寺に幽閉されるが、脱出し、六角義賢《よしかた》の元、甲賀和田城に入り、将軍家を継ぐことを宣言した。さ

▲甲賀公方屋敷跡　甲賀市に展開する甲賀郡中惣城郭群の一角をなす。義昭は甲賀武士の和田惟政に伴われ、一時ここに身を寄せた。

らに野洲の矢島に移ると、足利義秋（のちに義昭に改名）を名のり、しきりに上洛のための策を謀った。この時、尾張の織田信長は、義昭に呼応して上洛を敢行するが、美濃の斎藤に阻まれ失敗している。なおも義昭は機会を窺うが、味方のはずの六角義賢が、三好三人衆と内通したことから、危険を覚え、若狭の武田氏を頼る。しかし、若狭も安定せず、上洛を支援する状況では無かったため、朝倉義景を頼り、一乗谷に移る。この時、後に明智光秀の盟友とも評される細川藤孝も、義昭に従って越前に身を寄せ、義景に対して上洛の支援を働きかけるが、義景は態度を明らかにしなかった。この際に、義昭と光秀が出会い、光秀は義昭に仕えるようになったとされている。この間の永禄十年（１５６７）、織田信長は稲葉山城を落とし、美濃の攻略に成功する。この状況を受け、光秀は越前を出、信長に対し義昭の上洛支援を要請する。前回の上洛要請の際は美濃の斎藤に阻まれたが、美濃を手に入れた信長は、直ちに上洛の支援を承諾し、義昭を岐阜に迎えた。

▲一乗谷朝倉氏遺跡　越前守護朝倉氏の本拠地。朝倉氏館、庭園などが残される。天正元年、織田信長の攻撃を受けて壊滅する。

▲岐阜城　信長は、斎藤氏を倒し、稲葉山城を手に入れると、天下布武へ向けての拠点として名を岐阜城と改め、再整備した。

　上洛のためには近江を通過しなければならない。そこで信長は、永禄十一年（１５６８）八月、自ら近江に赴き、東山道を扼する観音寺城の城主六角義賢に対し、上洛の支援を交渉するが、義賢としては、先に義昭を裏切った手前もあり、交渉は決裂。同年九月、信長は上洛戦を敢行し、観音寺城を落とし、上洛を果たし、義昭を十五代将軍に据える。

　この義昭を擁した上洛戦の過程で、光秀は信長と出会い、琵琶湖と出会う。

1章　登場から志賀陣

1　信長との出会い

永禄十一年（1568）七月頃、光秀は織田信長に、義昭の上洛支援を要請するため、岐阜に赴き、事の次第を信長に告げる。

信長には、永禄九年にも上洛支援を要請され、これを受諾し軍を動かしたが、美濃の斎藤に阻まれ失敗した経緯がある。しかし、永禄十年、信長は斎藤を倒し、美濃を手に入れた。もはや上洛への障害は、近江の佐々木義賢しかいない。信長は光秀の要請を即座に受託し、上洛への行動を起こした。

この方が、織田信長様か。今まで出会った、どの武将ともタイプが違う。他を圧倒する眼差しを持っておられる。

何か、とてつもなく大きなものを目指しておられるようなオーラが発せられている。義景殿や義昭様とは次元の違う力を感じる。

もしかすると、この方は「天下」を視野に置いておられるのか？　領国を安定させることが武家の最大の関心事のこの時代に、領国を超えてその力を及ぼそうとされている。

確かに、信長様のこれまでの戦いは、他の大名達とは明らかに違う。尾張に始まり、美濃を手に入れ、次に近江とその先の天下を見据えておられるようだ。そのために、義昭様を利用しようとされているように見える。

私とて、武家の端くれ、領国を持ち、これを経営しながら、一家を養い、これを後世に伝えたい。しかし、今は、何も持たない浪人の身。

領国を天下に向かって力を拡大されようとするこの方に従えば、展望が開けるやもしれない。将軍としての「格」を振りかざす義昭様は、何れ信長様の「力」に屈するだろう。私の未来を切り開くために、信長様との関係を深めたい。

義昭が助けを求めてきた。儂の力を天下に広げる絶好のチャンスだ。とことん義昭の権威を利用してやる。

義昭の使いとして来た、十兵衛光秀とか言う男、かなり年上ではあるが、中々に見どころがありそうだ。儂が苦手な都の情勢や作法にも詳しそうだ。義昭ごときの家来にしておくのは惜しい。領国の拡大には有能な人材の確保が不可欠だ。儂の家来の中に加え、これから、こき使うことにするか。無論成功報酬は保証する。危険な香りが気になるが、まあよかろう。

2 上洛戦

　永禄十一年（1568）八月、信長は上洛のための軍を動かす。相手は、上洛への協力を拒否した、観音寺城主の六角義賢である。義賢は、東山道を南下して来る信長軍に備え、街道を封鎖するように和田山城・佐生日吉《さそうひよし》城・箕《み》作山《つくりやま》城を構えて備える。これに対して信長は、高宮宿を通り、愛知川の右岸に陣を引くと、自ら六角の城の様子を斥候し、愛知川に近い和田山城・佐生日吉城を無視し、観音寺城の対面にある箕作山城に襲い掛かり、二時間余りの戦闘でこれを落とす。これを見た義賢は恐れをなし、夜陰に乗じて甲賀に逃げ込んでしまう。翌日、信長は主無き観音寺城をほぼ無血で接収すると、六角氏に従っていた近江衆は、人質を差し出し信長に降伏した。何ともあっけない幕切れである。近江の南に君臨した六角氏であるが、宇多天皇・鎌倉幕府創立に功績のあった佐々木定綱に繋がる抜群の家柄があるものの、内実は、近江の地侍達の連合の上に、家柄という格により戴かれた存在であり、信長の圧倒的な力の前に、近江の支配権は、脆くも瓦解してしまった。

　暫くの間、信長は観音寺城に滞在するとともに、岐阜に残した義昭を近江に招き、観音寺城のある繖山《きぬがさやま》に建つ桑《くわ》實寺《のみでら》に入れる。この時、光秀は義昭と行動を共にし、同じく桑實寺に滞在したと考えられる。

　義昭を桑實寺に迎えると信長は南進を開始し、草津の志那から琵琶湖を船で渡り、園城寺に陣を置き、ここで再び義昭の到着を待つ。

　そして、義昭と共に京に入ると、京に影響を及ぼす三好三人衆を大阪まで押し込み、義昭を十五代将軍に据える。そして、早々に岐阜城に帰城す

▲観音寺城（繖山）　佐々木六角氏の居城、観音寺城が乗る山。笠を伏せたような美しい山容から繖山と呼ばれる。

る。この時から、光秀は、義昭と共に京に留まり、将軍御所の警護、さらに、義昭の幕臣と、信長の家臣を兼ねるという複雑な立場で、京都の経営にも取り組むことになる。

① 観音寺城

佐々木六角氏の居城で、日本五大山城の一つに数えられる巨城である。観音寺城が築城された繖山は、標高はそれほど高くはないが、近江の平野部のどこからでもその姿を見つけることができる。山にはその山から見渡せる範囲を司る神が宿る。この意味において繖山は比叡山、伊吹山と並ぶ、近江の聖山である。観音寺城の名の由来は、この山に鎮座する聖徳太子縁の「観音正寺」に由来する。

六角氏は、始め平地に城を構えていたが、戦国時代の後半となる十五世紀後半に繖山に登り、城を構えた。聖なる山に城を構える事は、近江では通有的に見られる傾向で、山城という防御性に加え、山に宿る聖なる力を城に取り込み、これを城主の権威にすり替える戦略の反映とも考えられる。

繖山は、湖東流紋岩《ことうりゅうもんがん》からなる岩の山で、良質な石材がふんだんに手に入ることから、これを用いた古式の石垣が随所に見られる。

▲観音寺城（平井丸虎口）　観音寺城最大で、最も構えの立派な郭。家臣の名前を付けているが六角当主の館と考えるべき。

ここが六角殿の観音寺城か。噂では聞いていたが、何と壮大な城なのだ。信長様の岐阜城の石垣には驚かされたが、ここにも勝るとも劣らぬ石垣が築かれている。しかし、東山道に面した側だけにしか石垣がない。そうか、石垣は動かざる磐を自在に操り城を飾る、城主の力と権威を見せつけるためのものなのか。私も、石垣で飾った城を持ちたいものだ。

それにしても、六角殿は脆《もろ》かった。いや、近江衆に見放されたという事か。家臣を繋ぎとめるためには、家柄だけではだめだという事だ。私に家柄などないが、人柄は装える。

観音寺城❶▼近江八幡市安土町石寺・東近江市五個荘町川並 🚃ＪＲ琵琶湖線安土駅下車 徒歩桑實寺経由90分 🚗五個荘側・安土側からそれぞれ林道あり（有料）

② 桑實寺と正覚院

繖山の南西斜面に建つ寺が桑實寺である。縁起に依れば〝昔、天智天皇の娘の阿部皇女が重い病に罹られた。八方手を尽くしても恢復しない。困りはてた天皇が琵琶湖の畔で祈ると、琵琶湖の中から薬師如来が出現し、皇女の病を癒し、空に舞い上がり繖山に降り立った。この薬師如来を祀ったのが桑實寺である。また、日本に初めて養蚕による絹織物を広めたところでもある〟。

琵琶湖には、湖中(水中)から薬師如来が出現する話が、白鬚《しらひげ》神社縁起を始め数多く伝えられている。この事は、琵琶湖に宿る水の神が、仏教に取り込まれる過程で、薬師如来という尊格を与えられたため、と考えることができる。桑實寺の縁起も、この流れの中にあるのであろう。事実、桑實寺からは小さな谷が始まり、この水が麓の水田を涵養している。

十三代足利将軍義晴は、都の争乱から逃れ、六角定頼の支援の下、桑實寺の正覚院《しょうがくいん》に仮幕府を開き、三年もの間、ここに留まった。この縁からすれば、義昭も正覚院に入ったと考えるのが自然である。無論、光秀の姿もここにあった。

その後、桑實寺自体が衰退に向かい、正覚院の法灯は安土の東南寺に引き継がれ、さらに竜王町綾戸の正覚院がこれを継ぎ、現在に至っている。

▲桑實寺正覚院跡　ここに足利義晴が仮幕府を開いた。光秀に供奉された義昭も、ここに入ったと考えられる。

▲東南寺正覚院　正覚院の法灯は、安土城下町の東南寺が引き継ぐ。屋根には足利家縁の二つ引両紋瓦が上げられている。

ここが正覚院か。義晴様はここで御結婚なされ、義澄様がお生まれになった。眼前に広がる湖水の景色、その向こうに長命寺の山、そして比叡の山並みまで見える。何と心休まる景色なのだ。この湖水の元に暮らしたい。

桑實寺❷▼近江八幡市安土町桑實寺　JR琵琶湖線安土駅下車　徒歩60分　桑實寺林道利用(要事前確認)

▲ 園城寺観音堂　西国観音霊場１４番札所で、如意輪観音が本尊。境内から長命寺・観音正寺そして安土城も見える。

③ 園城寺《おんじょうじ》（三井寺）

上洛戦の際、信長、義昭共に琵琶湖を船で渡り、園城寺の極楽院・光浄院に陣を置く。この際、ちょっとした事件が起きた。先行する信長の軍勢を運ぶ船が、他の用に供され、調達できなかったのである。この時、信長は琵琶湖を使った活発な船運の有様を実感したに違いない。

園城寺は、境内から湧き出る霊泉に因み三井寺とも呼ばれる。天智天皇に縁の弥勒菩薩を本尊とする巨刹で、智証太師円珍が発展の礎を造った。元は比叡山延暦寺と同門であったが、延暦寺にあった円仁の弟子と、園城寺の円珍の弟子達が激しく争い、延暦寺が天台宗山門派を、園城寺が天台宗寺門派を名のり、抗争を繰り返して来た。このためか、元亀二年（１５７１）に決行された、比叡山焼討ちに際して信長は、園城寺の境内から指揮を執ったともいわれている。

▲ 園城寺本堂　絶対秘仏である弥勒仏を本尊とする巨堂。豊臣秀吉の正妻である北政所の寄進により建立された。

現在の壮大な寺観は、豊臣秀吉が発した闕所《けっしょ》令による破却から復興した姿である。

境内に迎えられた観音堂に坐す如意輪観音は、西国観音霊場十四番札所の本尊として多くの人々の信仰を集めている。

園城寺まで来た。天皇家や摂関家、源氏の信仰を集めて来た寺とのことだが、あの延暦寺を牽制するためには、敵対する園城寺を保護するのも当然の成り行きだろう。足利尊氏公も園城寺の新羅明神を信仰していたと聞く。足利将軍を継ごうとされる義昭様の陣に相応しい寺だ。御本尊に捧げる閼伽水を頂き、私も英気を養うことにしよう。

園城寺（三井寺）❸▼大津市園城寺町 🚃ＪＲ湖西線大津京駅下車 徒歩20分 京阪電鉄石坂線三井寺駅下車 徒歩10分 🚗県道47三井寺

3　越前侵攻と金ヶ崎の退口

永禄十二年（1569）正月五日、信長が義昭を将軍に就け、岐阜城に引き上げる。これを待つように、将軍の館が置かれていた京都六条の本圀寺《ほんこくじ》を三好三人衆等が襲撃する、という事件が起きる。この時、将軍を守っていた武家衆の中に明智光秀の名が見える。光秀らは奮戦し、敵を撃退することに成功し、この軍功が、信長の光秀に対する評価を高める事となる。

▲佐生日吉城　信長を迎え撃つため、繖山の北尾根に築城された。東山道に面した部分に石垣が積まれている。

翌、元亀元年（1570）、信長は越前の朝倉義景を討つため、大軍を率いて京都を出る。この時、光秀もこの軍勢の中にいた。信長軍は、湖西から一旦若狭に入り、ここから北上して敦賀の疋田、金ヶ崎の城に襲いかかり、これを瞬く間に攻略した。

まさに、義景の本拠である一乗谷に進軍しようとするその矢先、信長の妹婿で、同盟者の浅井長政が裏切り、信長の背後から襲いかかった。予期せぬ危機に信長は「是非もなし」と、撤退を開始する。この時、撤退する信長軍の殿軍《しんがり》の中に光秀がいた。追撃して来る敵と戦いつつ、退却することは非常に危険な任務である。一般に、「金ヶ崎の退口」と言われるこの危機を救ったのは、木下藤吉郎とされている。しかし、実は、池田勝正・明智光秀もこの中にいたのである。本能寺の変の後、光秀を倒して天下を取った秀吉により、この時の光秀の活躍は、故意に抹殺された。

無事、信長を京に帰す事に成功すると信長は光秀に、若狭の武藤氏を封じ込める事を命令する。これに対して光秀は、忠実にその命令に従い、武藤氏から人質を取るばかりでなく、その城を破壊するという、命令以上の成果を上げ、朽木の針畑を越えて京に戻る。

これらの困難な任務に、信長が光秀を起用した大きな理由は、前年の本圀寺を巡る戦いで発揮した光秀の戦闘能力を高く評価したため、と考えられる。信長の視線の元、光秀は、政治・軍事両面でその能力を発揮し始めた。

佐生日吉城④▼東近江市五個荘日吉町 🚃JR琵琶湖線能登川駅下車 バス佐生下車 徒歩20分 🚗地方道202佐生より徒歩20分

▲小谷城から望む竹生島　小谷山を浅井岳と呼ぶ場合がある。浅井岳の山頂が琵琶湖に沈み、竹生島となったという伝説もある。

① 長政の裏切りと琵琶湖

長政殿が信長様を裏切った。何故？　昨年（永禄十二年〈1569〉）信長様は伊勢を手に入れた。

次は近江を完全に掌握するための手を打つだろうと思っていた。岐阜と京との往来を確保するため、そして何より京への物流を支配するためには、近江と湖水を手に入れなければならない。

信長様は、長政殿を縁者として、「江北を預けている」と言われるが、長政殿は決してそうは思っておられなかったのだろう。「俺は江北の領主だ！」。そんな長政殿の呻きが聞こえる。まして、長政殿は六角に勝ち、江北の積み出し港の大溝・海津・大浦・塩津、そして朝妻まで手に入れられた。すべて、信長様が喉から手が出るほど欲しがる港だ。

長政殿はいずれ「義兄《のぶなが》が俺の港を奪いに来る」と警戒されていたに違いない。まして、今回の作戦で、越前が信長様の手に入ったら、完全に長政殿は信長様に取り込まれてしまう。

領国を持たない私なら、喜んで信長様にお仕えし、領地の拝領を望むが、元々領国の主である長政殿にとって、信長様に配下のように扱われることは、我慢できなかったのだろう。取り込まれる前に「殺る！」信長様が江北に背を向けている今なら「殺れる！」そう思われたに違いない。

信長様に殿軍を任された。是非もなし。木下殿・池田殿と連携しながら敵を食い止め、信長様に無事お戻り頂く。戦うしかない。

この難関を切り抜ければ、私の展望も開けてくるに違いない。

▲江北の主な港　東国・東海の物資は琵琶湖の港に集結し、坂本を目指す。長政は六角氏に勝利し、これらの港を手に入れた。

② 金ヶ崎の退口

この信長の撤退戦を「金ヶ崎の退口」という。侵攻時、信長は湖西を通り、旧安曇川町から若狭街道に入り、若狭熊川宿から敦賀に向かった。湖西は長政の支配域であったが、この時点でまだ長政は同盟者だった。しかし、退却時は事情が違う。信長は敵地を突破して京に戻らなければならない。

この時、信長が選択した退路は、湖西の湖岸に戻るのではなく、旧今津町保坂《ほうさか》から朽木に入り、安曇川沿いに南下するルートである。

しかし、この時、朽木を押さえていた朽木元綱は、長政の高島侵攻に屈し、長政と臣従関係にあった。信長は元綱を説得し、ここを通過することに成功する。その背景には、元綱の長政の侵略に対する反感と、将軍の奉公衆としての朽木氏の誇りがあった。越前への侵攻は、信長個人で行えるものではない。建前上、将軍義昭の名代として、信長が軍を動かした。であれば、奉公衆としての朽木氏が、将軍名代としての信長を守る理由が立つ。

信長の撤退路は、近世に入ると、若狭の海産物を京都に運ぶ道として活況

▲金ヶ崎城（敦賀市）　敦賀湾を見下ろす金ヶ崎城は、若狭と越前に境目に位置し、争奪の舞台となった要衝地だった。

▲信長の隠れ岩　若狭街道を見下ろす斜面にある巨岩。伝説によれば、朽木元綱を説得する間、信長はここに隠れていた。

▲針畑越え　この道も、鯖街道の一つ。若狭の武藤を牽制した光秀は、険しいが距離の短いこのルートを通り帰還した。

を呈した。「京は遠ても十八里」若狭で水揚げされた鯖は塩をして運ぶうちに、食べごろの塩梅《あんばい》となることから「鯖街道」の名前が付いた。

　鯖街道は、若狭と京を結ぶ道の総称で、いくつものルートがあった。光秀が若狭の武藤氏から人質を取って帰京したルートは、若狭の名田庄村から朽木の針畑に抜ける、険しいが最短の道であった。当時の緊迫した情勢が、光秀にこの道を選択させたのだろう。

朽木市場⑤▼高島市朽木市場（鯖街道・信長の隠れ岩）🚃ＪＲ湖西線安曇川駅よりバス市場下車　隠れ岩までは徒歩15分　🚗国道３６７市場

4　志賀陣《しがのじん》

　元亀元年（１５７０）、金ヶ崎の退口を無事切り抜けた信長は、すぐさま長政に対する報復戦に取り掛かり、同年六月、伊吹山の麓で両軍が激突した。「姉川の合戦」である。この時、光秀は京の運営を担っており、この合戦には参加していない。

　姉川合戦で一応の勝利を収めた信長は、八月に大阪で蜂起した三好三人衆と戦うため、大阪に侵攻する。この軍勢に光秀が加わっている。この頃の光秀は、義昭に仕えると同時に、信長にも仕えるという、複雑な立場をとっていた。

　信長が岐阜を離れ、大阪に向かったのを見届けるように、浅井長政・朝倉義景の連合軍が湖西を南下し、坂本に攻め込んで来た。その数三万。姉川の合戦については、織田・徳川連合軍が、浅井・朝倉連合軍に圧勝した、と評されることが多いが、決してその

▲志賀陣（唐崎）　志賀陣に際し信長は、唐崎にも、浅井・朝倉に対抗する砦を造ったとされる。画像は、琵琶湖から望む唐崎神社。

▲壺笠山城と宇佐山城　比叡山ケーブル山頂駅より望む。足下に長政が籠った壺笠山城。その奥に信長が籠った宇佐山城が見える。

様なことは無い。わずか三か月後に、三万の軍勢を動かす余力があったのである。姉川の合戦は、信長有利の引き分け、と解すのが正しい。

大津・京へ侵攻しようとする長政等の軍勢に対し、近江と京との街道を扼する宇佐山城を守る森蘭丸の父、森可也《もりよしなり》は、城を打って出て奮戦するが、討死。長政等は大津・醍醐まで攻め込んだ。

大津の危機を知った信長は、急遽大阪より京に戻り、宇佐山城に入る。これを見た浅井・朝倉軍は比叡山中に立て籠り、両軍の睨み合いが始まる。

この時信長は、浅井・朝倉連合軍が籠る比叡山延暦寺の僧を呼び出し、両軍に対する保護をやめるように説得するが、延暦寺は従わず、両軍に対する支援を続けた。この事が翌元亀二年の比叡山焼討ちの原因とされることが多いが……。

比叡山に立て籠る両軍に対し、信長軍は包囲戦を展開する。坂本の豪商と思われる香取氏の館を堅固に整備するとともに、穴太《あのう》の村・田中・唐崎に砦を構えた。この内、最も規模が大きかったと想定される穴太の砦の中に光秀の名前が見える。また、信長は比叡山の京都側にある将軍山の城を改造するとともに、八瀬・大原にも砦を造った。この将軍山に入った義昭の軍勢の中にも光秀が含まれている。光秀は近江と京を行き来しつつ、信長にも義昭にも従っていたようである。

戦いは膠着状態に陥った。大津に釘づけにされている信長を見て、大阪では三好三人衆が再び蜂起し、近江でも信長に駆逐されたかに見えた六角義賢が蜂起し、これに近江衆が呼応するという事態となる。さらに、信長の本拠である尾張では、長島の一向宗徒が蜂起し、信長の弟の信興《のぶおき》が守る小木江城を攻め、これを自害させる。これら、信長包囲網構築の影には、信長との対立を深めつつある義昭の暗躍があった。この間、唯一の武力衝突が十一月二十二日に勃発した堅田を巡る戦闘であったが、信長軍はここで惨敗を喫した。まさに四面楚歌の危機が信長を襲った。この一連の戦いを「志賀陣」と呼ぶ。

この絶体絶命の危機を信長は政治力を発揮して切り抜ける。冬に入り、雪により退路を閉ざされるかもしれない、という越北軍（越前・江北）の焦りに付け込み、将軍義昭を、さらに正親町《おおぎまち》天皇まで担ぎ出し、勅命による和議を強引に結んだ。信長は人質を差し出し、宇佐山城を破壊し、瀬田まで退却した。これを見届けた浅井・朝倉軍は比叡を降りて撤退した。この一連の動きを見ても、志賀陣は信長の敗北である。これら志賀陣の推移を光秀は冷静に見つめていた。

光秀多賀出生説

明智光秀の出生については諸説あり、謎に包まれている。その中で近年、光秀が滋賀県多賀町の佐目《さめ》の出身であることを記した記録が見つかり、注目されている。『近江温故禄《おうみおんころく》』という十七世紀後半に編纂された近江の地誌である。

これに拠れば、〝多賀の佐目に明智十左衛門なる者が住んでいた。祖先は美濃の出身だが、浪人し、近江半国守護の六角高頼を頼り、士官に成功する。その後、六角氏に仕え、二〜三代佐目に住していた。その息子十兵衛光秀は近江を離れ、越前の朝倉家に仕える事を望んだ。

越前への旅の途中、光秀は「川流れの大黒天」を拾う。そして、朝倉家への士官が叶う。後に、川流れの大黒天を拾う功徳が「千人の頭になれる」ということを聞かされ「望みと違う」と反発し、朝倉を離れ、尾張に赴き、信長に重用され、丹波と滋賀郡を領する大名となる。

光秀は、甲斐の武田家と図り、信長を倒そうと画策していた。おりしも、徳川家康の接待を命じられた際、不手際を誘られ、信長の折檻を受けた。この事から信長への陰謀が発覚したと悟り、本能寺の変を起こすに至った。本能寺の変の後、昔の古い好身《よしみ》に対し味方を募ったところ、「多賀新左右衛門」「久徳六左右衛門」等、多賀にゆかりの地侍

▲十兵衛屋敷跡　光秀の屋敷跡伝承地。

▲宝筐印塔　光秀の時代には既にあった。

▲石仏　これらも、光秀の時代より古い。

▲神様池　神様に捧げる水を汲んだ井戸。

達が光秀に同心した〟とするものである。

光秀の出生に関しては、先に触れた『明智軍記』によるところが大きい。『明智軍記』の成立は元禄年間（1688～1702）であるのに対して、『近江温故録』の成立は貞享年間（1684～1688）とわずかながらも古い。双方とも信憑性に欠ける文書であることは共通する。それであれば、より古い『近江温故録』の記述にも、それなりの説得力があるようにも思える。

最近、細川家に仕えた米田《こめだ》家に伝わる文書群のうち、永禄九年（1566）に筆写された『針薬方』の奥書に「右一部、明智十兵衛高島田中籠城の時之口伝也」と記した文書が見つかり、光秀の事を記した最古の文書として注目されている。光秀近江出生説を採れば、光秀が朝倉氏に仕官する前、六角義賢に仕えていた時となる。田中城は高島安曇川にある田中氏の居城で、当時六角氏の影響下にあったが、江北で勢力を拡張しつつあった浅井長政の圧迫を受けていた。この時の光秀の籠城を、義賢の命を受け、長政に対抗するためと解せば、光秀近江出生説を補強することになる。が、真偽のほどは明らかではない。

多賀町佐目は、鈴鹿山脈を境に三重県と接する国境の村である。流れる犬上川には「両宮橋」が架けられている。両宮とは伊勢神宮と多賀大社を示している。この佐目の中に「十兵衛屋敷」と呼ばれる空き地があるほか「神様井戸」と呼ばれる明智家に縁とされる井戸が残されている。また、「見津《けんつ》家」という明智家の子孫の伝承を持つ家も現存する。見津（けんつ≒みつ≒みつひで）に繋がるとも語られる。

佐目の鎮守である十二相《じゅうにそう》神社は、樹齢五百年に及ぶかとされる杉の巨木に囲まれた厳かな神社である。この境内には、室町時代の宝篋印塔《ほうきょういんとう》を始めとする中世に遡る石造物が集積され、この村の歴史の古さを物語っている。

十兵衛屋敷⑥▼多賀町佐目　国道306佐目、十二相神社付近

▲十二相神社の巨木　樹齢500年ともいわれる杉。

▲十二相神社　若き光秀も詣でたのか。

2章 比叡山焼討ちと坂本城

1 比叡山と琵琶湖――聖――

信長は、「聖」の力を身に纏い、これを駆使しながら「俗」の世界に君臨しようとした。つまり、生きながら神となり、安土城という神殿に坐して、日本を支配しようとした。真の日本の支配者となるためには、「神」としての権威を元に、日本社会に隠然たる影響力を放つ天皇という存在を否定しなければならないからである。そのためには、自らが天皇を凌駕する神威を持つ神になるしかない。信長は、「聖」の力を発揮するために、比叡山を壊滅させる必用があった。その理由を理解するためには、比叡山（延暦寺）の成り立ちと、古代・中世の社会に及ぼしたその影響力を知る必要がある。

比叡山延暦寺は、伝教大師最澄が開いた天台宗山門派の総本山で、ここからは同じ天台宗の円珍・真盛の他、浄土宗の法然、浄土真宗の親鸞・蓮如、日蓮宗の日蓮、時宗の一遍、臨済宗の栄西、曹洞宗の道元等の宗派の祖師達が巣立った。そして、これらの宗派の元で、多様な日本文化が形成されて来た。言うなれば、日本の歴史文化に最も大きな影響力を発揮し続けている人物が最澄である。では、何故最澄が比叡山に延暦寺を開いたのか。最澄の教えの根源にある思想は「悉有仏性《しゅうぶっしょう》」に表現される。即ち、全てのものには仏性が宿る。この意味において「全ての命は平等である。その全ての命の元で人は生かされている」。難解な思想に思えるが、我々日本人が心の奥底に抱いている「森羅万象万物に神が宿る」

▲白鬚神社　比良山地が琵琶湖に接するところに立つ古社。祭神は往来安全を司る猿田彦命。琵琶湖の西岸を行く船は、この神社を目指し航行した。神社は湖の灯台的な役割も持っていた。印象的な湖中の鳥居は、湖上から神を拝するためのもの。境内には琵琶湖航路に関係した者達の古墳が多数残されている。

という、原始宗教的な感性を仏教の中に取り込んだに過ぎない。つまり、天台の教えの奥底には、日本の自然に宿る神々の姿がある。そして、最澄は、教えの根本として、薬師瑠璃光如来という仏を据えた。この薬師如来と最澄との関係が白鬚神社縁起の中で、明確に語られる。〝昔、釈迦が日本に仏教を広めるためにやってきた。そして比叡山を見つけた。ここが気に入った釈迦は、この山を得たいと考え、地主の神に無心する。「彼《あ》の山をくれ」。すると、地主の比良明神は、「儂は七千年琵琶湖で暮らし、毎日魚釣りをしている。仏教が広まり魚釣りができなくなるのは厭だ。断る」。これを聞き、釈迦は諦め、琵琶湖から立ち去ろうとすると、忽然と湖中から薬師如来が現れ「釈迦よ、比良明神は理《ことわり》を知らぬ。儂は二万年琵琶湖に暮らす近江と琵琶湖の主である。仏教を広めるのは良い事だ。お前に彼の山をやろう。二人で仏法を広め、この国を護らん」と言って湖中に去った。〃この縁起の釈迦は最澄であり、薬師如来は琵琶湖に棲む古い神を表す。そしてこの、薬師如来とは、瑠璃光如来、すなわち瑠璃の世界の如来であるから、「水」の神であり、東方浄土に棲まうことから「朝日（太陽）」の神でもある。水と太陽という命を生み出す自然の象徴が、薬師如来として位置づけられた。最澄は琵琶湖に棲む水と太陽の神の許しを得て、比叡山を開くことができた。何故、琵琶湖の神か？　それは、水こそが全ての命の根源であり、その水に対し、神を感じるのは自然の心象で、その水界の象徴が琵琶湖だからである。比叡山は、近江のほぼ全ての平地から望むことができ、琵琶湖の水源を象徴する山でもある。朝、比叡山から見て東の山から朝日（薬師）が出現し、琵琶湖（瑠《る》璃《り》光《こう》）の上を渡り、比叡に影向《ようごう》する。まさに薬師の浄土が琵琶湖と比叡山である。「近江のうみはうみならず、天台薬師のいけぞかし」（『梁塵秘抄』）。

延暦寺・日吉大社は比叡の神、即ち琵琶湖の神を祀る事を宗教的権威の大元に置き、この権威には権門盛家のみならず、天皇さえも従っている。言わば、日本最高の権威と言っても良い。

儂は、近江に身を置き、延暦寺・日吉大社の宗教的権威の強さを知った。そして、その源がこの湖水にある事も知った。
何れ、天皇と戦い、この国の全てを手に入るつもりだ。そのためには、天皇を上回る神的権威が欲しい。
で、あれば、天皇すらも従う比叡の権威を儂が奪い取ればよい。
そのためには、延暦寺・日吉大社の宗教的権威を儂の力で破壊し、その元となる湖水の神威も儂が奪い取る。

2　比叡山と琵琶湖 ― 俗 ―

まず、焼討ち前の比叡山延暦寺と坂本の様子を確認しておく必要がある。当時の坂本は、琵琶湖航路の終着港として空前の活況を呈していた。大津とは、大きな港の意味で、古くは日本に二つしかない。一つは筑紫大津（博多）で、外国に向いた大きな港。もう一つが近江大津であるが、当時の大津は坂本を指す。東国の物資は琵琶湖を渡り坂本を目指し、ここから比叡山を越えて京に運ばれた。信長は前年（元亀元年〈1570〉）、長政の港を奪おうとして失敗しているが、当然のこととして、終着の港である坂本を手に入れる事も望んだ。

　この坂本を実質的に支配していたのが、比叡山延暦寺と日吉大社だった。最澄が打ち立てた天台の思想は、彼の想いとは異なる方向に大発展を遂げる。当時「神」は機能していた。神は、人間の力では如何ともしがたい、例えば五穀豊穣、例えば長命長寿・子孫繁栄などの俗的な欲望を利益として叶えてくれる存在であった。当然のことながら、神の元に人間の望みを確実に伝え、利益を確実に引き出す仲介者が求められる。この役割を担ったのが天台の宗教者達であった。彼らは一般人では理解しがたい、難解な教義と複雑な修法を駆使して、権門盛家の欲望に応えた。その結果、見返りとしての報酬を得る。その報酬が土地（荘園）だった。天台の宗教者は、宗教行為により広大な荘園を手に入れた。そして、荘園で生産される余剰の財は貸し付けに回され、さらに大きな財を生み出す。彼らは日本の経済・金融までも支配するに至った。この前提として、荘園の生産物を都に運び販売、交換をしなければならない。必然的に延暦寺・日吉大社は琵琶湖航路を使う最大の荷主となり、坂本の港を支配するにいたった。

　ここに、これらの物資を坂本から都に運ぶ、運送業者が登場する。坂本の馬借《ばしゃく》である。彼らは、延暦寺・日吉大社の物資、すなわち「日吉神物」を運

▲加持祈祷　僧は、複雑な修法を駆使して、人の願望を神のもとに送り届ける。願いは炎と共に天上に至る。

ぶ者達である。神の物資を扱う者であるから、当然神の庇護を受ける。やがて、彼らの行為は、神の行為の代行と主張されるようになる。中世に頻発する「坂本の馬借一揆」は、暴徒が行使する暴力ではなく、日吉の神の神威の具体的な発現として畏れられた。よって、何人も逆らうことは許されない。そして、延暦寺・日吉大社は己の欲求を馬借達の暴力に託して実現させていった。聖が俗を支配する状況だった。

　この様な状況の下に信長が登場する。信長は、流通経済を掌握することにより、財を得、これを元に強大な軍事力を構築し、さらに、この行使により財を得る戦略を執った。その信長が、日本の流通の根幹をなす琵琶湖航路の支配を目論まないはずがない。信長が、この最重要航路と港を押さえているのが天台の宗教勢力であることに気づいた時、既に比叡山焼討ちへのレールは敷かれていた。

　ここで、信長の琵琶湖に対する「聖」の戦略と「俗」の戦略が合致する。坂本の港を支配し、馬借達を信長の運送業者として使うためには、その後ろ盾となっている延暦寺の権威、日吉大社の権威を完全に否定しなければならない。このためには、権威を視覚化した宗教施設は完全に破壊する必要がある。特に、比叡の神（山王）を祀る日吉大社は、完全に破壊する必要がある。次に、天台の手法を駆使して世俗的な力を発揮する延暦寺の宗教者も排除する必要がある。しかし、坂本の馬借達をすべて排除する必要はない。彼らの後ろ盾である神を否定し、新たな後ろ盾となる信長の存在を、恐怖と共に刷り込めば事足りる。

▲坂本の蔵　蔵を飾る恵比寿神と波乗り兎。坂本の繁栄を偲ばせる。

▲公人屋敷　焼討ちからの復興後、坂本は延暦寺のバックヤードとしての役割を深める。ここは、延暦寺の運営に携わった公人（くにん）と呼ばれた在家の僧の屋敷。

3 志賀陣から焼討ちへ

志賀陣ではまたしても長政にしてやられた。完全な敗北だ。

儂は、義昭と天皇の持つ権威に助けられた。悔しい。

今の儂には、他の武家を圧倒するだけの権威も格もない。しかし、何れこれを身に纏ってやる。

そして、宇佐山に在城中、儂は改めて、坂本が持つ力、その力を支える延暦寺と日吉大社の力を知った。

天下を取り、これを経営するためには、聖・俗共に湖水を支配しなければならない。

いずれ、長政を叩き、湖北の港を手に入れる。そのためには、小谷城を落とさねばならないが、これには時間がかかる。

まずは、湖水航路の最終地、坂本を手に入れる。そのためには、延暦寺と日吉大社を葬り去らねばならぬ。小谷城を攻めることに比べればたやすいこと。しかし、まだ早い。

誰か、有能な武家を宇佐山城に入れ、焼討ちに備えた地ならしをさせねば。

何と言っても、延暦寺・日吉大社の影響力は大きい。その影響下の地侍や商人達を切り崩すには、武力もさることながら政治力も必要だ。誰にその任を与える？

そうだ、十兵衛光秀にそれを任せよう。

あ奴は、新参者だが本圀寺合戦・金ケ崎の退口と、抜群の戦闘力を持っているし、京都の経営もそつなくこなし、将軍の覚えも目出度い。適役だ。

光秀！　お前に宇佐山城を預ける。秋までに、坂本周辺の地侍・商人どもを味方につけろ。その後は判っているな。

◀ **霊峰比叡山**　比叡山は『古事記』にも登場する霊山である。この山の神を山王と崇め、依拠した延暦寺・日吉大社は日本の文化、政治、経済に大きな影響を与え続けてきた。信長はこの山王の山を破壊することを決意した。それは、真の日本の支配者になるために、乗り越えなければならないハードルだった。

4　焼討ちへ　宇佐山城と光秀

大津市近江神宮の背後の、標高三三五メートルの宇佐山に造られた城が宇佐山城である。元は宇佐八幡宮が鎮座していたと考えられるが、築城に際して神は中腹におろされた。

宇佐山城は、金ヶ崎の退口に際し、湖西から侵攻してくる長政軍への抑えとして、元亀元年（1570）五月頃に築城されたとされている（『信長公記』）。しかし、『多門院日記：三月二十日』には、宇佐山城が築城され、山中越と逢坂越を封鎖している記事が見える。この事は、信長が越前に侵攻する以前から、坂本―京都間の運輸を支配しようとしていたことを窺わせる。

現在山上に残されている宇佐山城の主要部は、南北に並ぶ三か所の郭から構成されている。中央の郭が主郭で、放送施設により破壊され、全容を窺うことは困難だが、南に通路を複雑に折り曲げた喰《くい》違虎口《ちがいこぐち》からなる大手口が取り付く。一番北の郭に立つと、眼前に滋賀里・唐崎・坂本の町並みが広がり、遠くに堅田も望むことができ、この城の機能を実感することができる。

宇佐山城の最大の特徴は城に築かれた石垣である。一般に、城郭に本格的に石垣を導入したのは安土城から、とされているが、宇佐山城の石垣は少なくとも元亀年間には築造されたわけであるから、安土城より六年余りも古い石垣ということになる。宇佐山城の石垣は、

▲**宇佐山城**　山頂には宇佐八幡宮が鎮座していた。宇佐山は、頂上が平らな独特の山容を示すが、築城時に山頂部を削り、郭を乗せた結果の地形だろう。これ以前は、山頂のとがった、神宿る、神奈備型の山だったのだろう。

山から産した自然石を殆ど加工せずに積み上げた「野面積《のづらづみ》」の石垣で、所々に拙さが見えるが、これが時代性というものなのであろう。

宇佐山城の石垣は、城の東面を中心に築造され、背面にはほとんど見られない。山麓から見上げ、視認できる主郭の前面を、中心に石で固めている。石垣を防御の装置とするなら、全面を囲わなければならない。が、宇佐山城の石垣は、防御より、見せることの視覚性を重視しているように思える。

石は固く、重く、動かしがたい。これを自在に操り城を飾ることには、城主(信長)の力と権威を具体的に示す効果があったと考えられる。

この石垣が築造された契機には、次の三時期が考えられる。始めは森可成が在城していた永禄十三年(1570)三月以前。次に、志賀陣で信長が入城した元亀元年(1570)九月〜十二月、最後が明智光秀が入城した元亀二年正月以降である。宇佐山城の機能が、比叡山焼討ちに向けての橋頭堡であったとすれば、光秀が入城した段階に信長の力と権威を近江衆に見せつけるため築造されたと考えるのが最も相応しい。

志賀陣の和議により、宇佐山城は一旦破壊された。しかし信長は、ここに光秀を入城させた。信長の意を受けた光秀の手により、日々山が動き、その姿を変えてゆく。見上げる近江衆に対し、恐怖と焦燥を与えるのに十分な演出だった。

信長様は、私に宇佐山城を預けてくだされた。今年、木下殿に横山城を預け、小谷攻めの橋頭堡とされたが、これに次ぐ抜擢だ。仕えてまだ間もない私に城を預けてくだされた。名誉なことだ。信長様は、坂本・比叡山を破壊し、湖

▲宇佐山城の石垣　宇佐山城の石垣は麓から見上げられる処に積まれている。しかも、左の画像が示すように、隅であるにも関わらず、石垣面は曲がらない。斜面に絆創膏のように張られた石垣で、古い城郭によくみられる構造。

水の力を独占される御所存のようだ。そのために、あの霊山(比叡山)との戦いを決意なされた。

信長様は、宇佐山城に立ち、私にお命じになった。「光秀、この城から見える範囲の近江衆を切り崩し、延暦寺との関係を断て。そして、戦闘に備え、の武器弾薬を城に運び込み、来るべき焼討ちに備えろ!」。

信長様は、私に延暦寺・日吉大社との戦いに加われ、いや、私に主導せよと仰せられる。

仏罰・天罰が私に降るのか? 恐ろしいことだ。しかし、この作戦を成功させれば、それ以上の恩賞を賜るかもしれない。やるしかない。いや、何としてでも、やらねば。

信長様は、この宇佐山城を信長様の力を近江衆に見せつける城にせよと仰せられる。

まず、観音寺城で見たような、石垣を築こう。時間がない。麓から見える処にだけ石垣を築けば当座は充分だ。城を取り巻く白く輝く石の壁を、信長様の力として、近江衆に見せつけてやる。幸い、宇佐山には良い石がふんだんにある。信長様の意に叶う石垣が造れそうだ。

何? 信長様が佐和山城を落とされた?

これで、信長様は東山道を自由に南下できる。決行の日は間近に迫って来た。近江衆の切り崩しを急がねば。

宇佐山城⑦▼大津市錦織町 JR湖西線大津京駅下車 徒歩50分 京阪電鉄石坂線近江神宮前駅下車徒歩40分 県道47近江神宮駐車場より徒歩30分

▲宇佐山城から坂本を見る　宇佐山城の二の丸から見た眺望。坂本・雄琴・堅田の街並みが一望される。信長が光秀に「光秀！ 今ここから見える範囲の者どもを調略しろ！」と命じている場面に立ち会っている気分にさせる。

① 焼討ち前夜――佐和山城

元亀元年（1570）の姉川の合戦は、実質的な引き分けに終わった。しかし、当時、長政の城であった佐和山城には、磯野《いその》員昌《かずまさ》が立て籠り、信長に抵抗を続けていた。佐和山城は東山道を扼する要衝地にある。信長が、岐阜と京との間を自由に往来しようとすれば、佐和山城を是非とも手に入れておく必要がある。信長は佐和山城に対して包囲戦を展開する。

執拗な信長の攻撃に耐えかねた員昌は元亀二年正月、信長に降伏する。信長はこれを受け入れ、丹羽《にわ》長秀《ながひで》に命じ員昌の軍勢を高島に船で移送させる。この時、宇佐山城にあった光秀も協力し、百艘もの船を調達し、これにあたっている。（『丹羽長秀書状』）宇佐山城に入城して間もない時期ではあるが、光秀は、坂本一帯にその影響力を発揮し始めていたことが窺える。信長は佐和山城に丹羽長秀を入れ、安土城が竣工するまでの間、近江の宿城として佐和山城を使うことになる。

元亀四年（1573）、信長は佐和山城下で大船を建造し、これを光秀の坂本城に航行させ、坂本城を母港として使う（トピックス③、80頁）。

さて、佐和山城を手に入れた信長は、八月十八日岐阜を出陣。小谷城下を焼討ちし、長政を小谷城に釘付けにすると、反転し佐和山城に入った。さらに東近江市の志村城・小川城を落として南進し、守山金ヶ崎城を落とすと、九月十一日、大津市勢田城に入った。焼討ちは翌九月十二日のことである。

佐和山城⑧▼彦根市佐和山町 🚃ＪＲ琵琶湖線彦根駅下車 徒歩60分 🚗国道8から地方道518へ龍潭寺前駐車場より徒歩30分

▲**佐和山城**　佐和山城も標高は低いがよく目立つ形の山である。山の麓に広がる松原内湖で信長は大船を建造した。

▲**佐和山城から見下ろす東山道**　佐和山城の足下を東山道が走る。ここを今は東海道新幹線、名神高速道路、国道８号が通る。

②　焼討ち前夜——宇佐山城

従前、信長による比叡山焼討ちに対して、多くの家臣達はこれを暴挙として反対し、中でも、温厚な光秀は、強くその中止を求めたとされている。しかし、近年発見された文書では、これと全く逆に、光秀が積極的にこの作戦に参画していた事が明らかとなってきた(『和田家文書』)。

雄琴の和田が家来達と共に私に協力するといってきた。有難い。鉄炮と共に、宇佐山城に入城させよう。

堅田に居る和田の親戚筋も味方すると言ってくれた。堅田は志賀陣で信長様を破った強敵だが、私の説得に応じてくれた。

しかし、仰木の連中は延暦寺との繋がりがよほど強いのか、最後まで抵抗し続けている。覚えて居れ、本番の戦闘では一番先になで斬り(皆殺し)にしてやる。

信長様は、九月二日に志村城を簡単に落としてしまわれたが、近江衆には大げさに伝えておこう。

「信長様は逆らう志村城を、ひし殺し(兵糧攻めによる飢え死に)させたぞ。お前らも逆らえば同じ目に遭うぞ。今従えば、悪いようにはせん。損得を考えろ!」

信長様は、東江州、南江州の城を次々落とし、その軍勢を吸収し大軍となり、勢田城に入られた。明日は園城寺に陣を置き、私に比叡山の焼討ちをお命じになる手はず。気分が高揚する。この日を待っていた。逆らう者は皆なで斬りにしてやる。

▲湖上から比叡山を見る　琵琶湖から坂本と、比叡山をのぞむ。一番高いピークが大比叡。その右に見える建物が延暦寺会館で、その背後に根本中堂がある。元亀2年9月12日、今見えている範囲が炎に包まれた。

5 焼討ち

① 坂本港

何度も紹介しているように、琵琶湖航路の最終地が坂本である。坂本の重要性について、賤ヶ岳の合戦で勝利した秀吉がこう語っている。「坂本を自分が領したらどうですか、と皆言うが、坂本を自分の領国に組み入れたら、秀吉は天下を狙っている、と疑われるから、丹羽長秀に与えたのだ」(『浅野家文書』)と。裏を返せば、坂本を掌握することと、天下の経済を掌握することが同意義として捉えられていた。

当時の坂本の港は、現在の下坂本から唐崎付近にかけて「戸津」「志津」「今津」の三か所に分かれていた。港というと大きな岸壁をイメージするが、当時の港は入り江や河口を利用し、桟橋を打ち込んだ程度の、簡単な設備だった。琵琶湖の船は、浅瀬につける事を前提として船底を平らに造る。当時の港とは、湖岸の浅瀬に直接船を着けるイメージである。

焼討ち直前の坂本の様子を『多門院日記・永禄十三年(1570)』に「上坂本付近は大いに賑わっていた。南の志津の市場を見物した。千五百軒ほども軒を連ねている」と記している。坂本三港全てを合わせれば、現在からは想像もできないような賑わいがあった。

坂本の経済力の大きさについて時代は遡るが、応永元年(1394)の記録に、土倉と呼ばれる金融業者が四十軒ほどあったと記されている。京都全体で約三百軒というから、首都の一割以上もの金融業者が坂本に居た。しかも、これら京・坂本の金融業者の殆どが「山門気風の土倉」、則ち、延暦寺・日吉

▲山王鳥居　坂本の港は下坂本から唐崎にかけての湖岸に散在していた。画像は日吉山王祭の酉の神事に際して、山王七社の神輿が唐崎神社の沖を目指して船出する港で、坂本城の外堀に接する処である。

大社の物資を取り扱うことにより財を成した者達であった。坂本は、延暦寺・日吉大社の神的権威を背景に、日本の経済を牛耳っていた。

この坂本に突然、信長の軍勢が襲い掛かった。先鋒は光秀である。

この時を待っていた。
者ども、遠慮するな、まずは坂本の港を攻めろ！

港・街は徹底的に破壊しろ。といっても、大した施設があるわけではない。造作なく破壊できるだろう。

逆らう馬借どもはなで斬りにしろ。ただし、逃げる者を追って殺す必要はない。放っておけ。

明日からの坂本の支配者は信長様だ。その信長様に仕え、荷を運ぶ馬借どもを殺す必要はない。逃げた連中は、そのうち戻ってくるだろう。

馬借どもの後ろ盾となっているのは比叡の山の神の神威だ。それをこれから破壊する。馬借ども、良く見ておけ。お前達の守り神が信長様の力により破壊される姿を。信長様の前には無力な神の姿を。

そして悟れ、今日からお前達の神は替わる。それを恐怖と共に実感しろ。そして、新たな神に従え！

者ども、港や家など、すぐに造り直すことができる。遠慮は無用。新たな時代の到来を坂本に恐怖と共に刷り込め。そのために、港・家は徹底的に焼き尽くせ！

山王鳥居⑨▼大津市下坂本 JR湖西線比叡山坂本駅下車 徒歩30分 国道161石川町

供所神社・志津若宮神社⑩▼大津市下坂本 JR湖西線比叡山坂本駅下車 徒歩15分 国道161比叡辻

▲供所神社　下坂本の湖岸に鎮座する。八王子山を正面に拝することから、八王子山に対する湖岸の祭場とされる。

▲志津若宮神社　下坂本の湖岸に鎮座し、港の名である志津を冠する。祭神は池から出現した、二柱の男女神の水神。

② 日吉大社

日吉大社は、比叡の山の神である大《おお》山咋《やまくい》神・鴨玉依姫《かもたまよりひめ》神を祀る東本宮と、後に大和から迎えられた大己貴《おおなむら》神、九州から迎えられた田心姫《たごりひめ》神そして、加賀白山から迎えられた白山姫《しらやまひめ》神を祀る白山姫神社で構成される西本宮からなり、日吉山王七社、あるいは山王と称せられる、我が国最大規模の神社である。本来は東本宮の男女神が祭祀の中心であったが、後に西本宮の大己貴神の神格が上がり、大宮となり、大山咋神は格下の二宮と呼ばれるようになってしまう。しかし、比叡の神に対する祭祀の中心はあくまでも東本宮の神々で、日吉山王祭も東本宮を中心に展開する。

さらに、その東本宮の中心は、小比叡とも称される八王子山の頂上付近にある黄金大磐《こがねのおおいわ》と呼ばれる磐座である。比叡の神は、黄金大磐を依り代として降臨する。

古代から中世にかけて、都を震撼させたものに、延暦寺の山法師による神輿振りがある。延暦寺の山法師は、要求を掲げ、山王の神輿を担ぎ都に乱入する。そして、その要求は必ず受け入れられる。この状況を後白河法皇は「天下三不如意」と称した。即ち賽子《さいころ》の目、鴨川の水、そして延暦寺の山法師である。これらの共通点は、「人間の力の及ぼしがたい現象」ということにある。

何故、山法師の要求が通るのか。山法師の暴力が恐ろしいのではない。

山法師達は、要求を掲

▲八王子山の社殿　画像右が牛尾宮拝殿と本殿、左が三宮神社本殿と拝殿である。急斜面で平地がないことから、両社共、地形に合わせて長い柱で建物を支える、懸け造りで、しかも本殿と拝殿を一体の構造としている。

げる前に、山王の神輿を根本中堂に振り上げ、ここで比叡の神に対し、法王を始めとする者達の非道を訴える。山法師達は、神にとっては可愛い僕《しもべ》である。その訴えを聞いた神は怒り、自ら神輿に乗り、都に動坐する。都に着くと山法師達は神輿を放置して立ち去る。怒れる神々が都に居座るのである。この様子を『梁塵秘抄《りょうじんひしょう》』には、「東

▲**黄金大磐**　牛尾宮と三宮神社の間に立つ巨磐。比叡の中心は大比叡ではなく、小比叡と呼ばれた八王子山である。比叡の神はこの磐座に宿っていたが、後に神を迎える社殿が建立された。

▲**山王祭**　春、牛尾宮の大山咋神と、三宮神社に宿る鴨玉依姫神の夫婦神は、連れ立って神輿に乗り坂本に降臨する。闇の中を怒号と共に揺れ動く神輿は、かつての神輿振を彷彿とさせる。

の山王恐ろしや……峰には八王子ぞ恐ろしき」と謡っている。怒れる神々を鎮めることが出来るのは、山法師か日吉の神人しかいない。かくして、法王達は山法師達の欲求に従い、早々に神々にお引き取り願うことになる。

しかし、本当に神罰が降るか否かは神のみぞ知る。やがて、神の怒りを確実な暴力として行使する手段として、先に触れたように、馬借の暴力が利用されるようになる。手段は変わっても、神の怒りの発露は変わらない。

信長の焼討ちの目的には、この神と僧、神人、そして馬借達との関係を破壊し、リセットすることにあった。

坂本の街の後は、日吉大社を攻めろ！　山王の社殿を焼き尽くせ！　山王の権威を完膚なきまでに叩き潰せ！　逆らう者はなで斬りにしろ！

案の定、馬借達は八王子山に逃げ上ってゆく。当然だ。産土《うぶすな》神の威の元で好き放題に暴れていたやつらだ。最後に頼るのは産土神しかおるまい。

構わん、山下の社殿を焼いたら八王子山を攻め上れ。そして三宮神社・牛尾宮も焼き尽くせ。抵抗する馬借達には容赦するな。逃げ出す者達は放っておけ。神を見捨てる奴らは、新たな神としての信長様を求めるだろう。

▲日吉大社宝塔　古絵図にも描かれている巨大な宝塔。社殿はことごとく焼き尽くされたが、この石の塔だけが残された。

▲八王子山から坂本城（枠内）を望む　光秀が焼いた八王子山の社殿跡からも坂本城は見える。後に社殿は復興し、城は焼け落ちた。

焦土と化した坂本と山王の境内が見える。古き伝統、古き歴史がリセットされた新しいキャンバスが広がっている。

さて、信長様はここにどのような絵を描かれるのか。楽しみだ。

日吉大社⑪▼大津市坂本五丁目　🚃ＪＲ湖西線比叡山坂本駅下車　徒歩20分　京阪電鉄石坂線坂本比叡山口駅下車　徒歩10分　🚗県道47日吉大社前

③ 延暦寺

比叡山延暦寺は、延暦七年（788）に、伝教大師最澄が感得した自刻の薬師如来を本尊とする一乗止観院という草庵を建立したことに始まる。後に、勅許により開創の年号をとり、延暦寺と称する。最澄以前の比叡山は、『古事記』にもその名がみえる、大山咋神の宿る聖山で、この神は先に紹介したように、日吉大社の中でも比叡の神を祀る東本宮の主神である。

延暦寺境内は、東塔・西塔・横川の三つの区域により構成され、三塔十六谷と総称される。その寺域は比叡山系のほぼ全域に広がり、現在でも百を超える堂舎が活動しているが、最盛期には三千を超える寺社が活動していたと伝えられる。

最澄は法華経を教学の中心に置き、天台宗を開いた。最澄の弟子からは、円仁、円珍などの名僧が輩出し、延暦寺発展の基礎を造った。しかし、弟子達が対立、抗争を繰り返し、正暦四年（993）、円珍派が山を降り園城寺を中心に独自の活動を行うようになる。以後、延暦寺が天台宗山門派を、園城寺が天台宗寺門派を名乗り、天台宗は分裂する。

その後、延暦寺は密教色を強め、加持祈祷を駆使して現世利益を授けることにより、権門盛家の支持を集め、この寄進により莫大な富を蓄積するに至った。富が集積すれば、これ

▲延暦寺浄土院　伝教大師最澄が眠る廟で、比叡山最高の聖地であるが、ここも焼かれた。再建された浄土院では侍真と呼ばれる修行僧が、12年間一歩も山を出ず、ここで生ける最澄に仕えるがごとく奉仕している。

を守るための武力が必要となり、ここに必然的に僧兵が登場し、比叡の神（山王）の神意を背景に、何人も逆らうことのできない、世俗的な力をも行使するようになる。

　しかし、室町幕府六代将軍足利義教は、延暦寺に対し高圧的な政策をとり、この抗争の中で、全山が壊滅すると言う事態も生じた。さらに、戦国時代に入ってからも、明応八年（1499）に、管領細川政元の攻撃を受け、根本中堂は再び焼失した。信長の焼討ち以前にも延暦寺は、武力により壊滅した歴史を持っていたのである。そして元亀二年（1571）信長の焼討ち。

比叡の山に攻め込め！延暦寺の堂塔も破壊しろ！山王の力を借り、世俗的な力を振るう許しがたい寺だ。目につく建物は焼き尽くせ！

坊主どもはなで斬りにしろ！容赦するな！信長様がここに君臨するときに、四の五の御託を並べる奴らだ。彼奴等は信長様の役には立たない。死んだところで、生産・流通に影響ない。遠慮は無用だ！

むしろ、この日本という国に、天台の神を否定し、その後に君臨する信長様の存在の大きさを、刷り込まなければならない。

天罰など恐れるな！それ以上の見返りをお前らに与える。安心して私に従い、延暦寺を破壊しつくせ！

　焼討ち後、延暦寺は信長の存命中はその復興は行えなかったが、死後、豊臣秀吉、徳川家康等により直ちに復興

▲弥勒石仏　西塔の釈迦堂の背後に坐す石仏。丸彫りに近く肉厚に彫られた鎌倉時代の作。表面は火を受け荒れている。

が進められる。特に徳川幕府に影響力を発揮した慈眼大師天海は、山王に対する信仰を中心とした「山王一実神道」の採用を主張し、江戸幕府の諸施策を推進した。例えば、徳川家の祈祷所・菩提寺として上野に寛永寺を建立する。山号は東叡山、即ち東国の比叡山であり、延暦寺以降初めて、勅許により寺名に年号をつけることが許され、本尊に最澄自刻の、しかも、琵琶湖から出現した薬師如来を近江草津石津寺《せきしんじ》から迎えている。さらに、近くには琵琶湖を模した不忍池を掘り、竹生島弁才天を勧請し江戸の守り神とした。さらに、江戸城の鎮守として日枝神社(日吉神社)を勧請した。

延暦寺を支えた比叡の神は、焼討ちに屈することなく、日本の首都へもその力を及ぼし続けている。もし、本能寺の変が無く、信長の政権が続いたら、徳川による山王の江戸への勧請は無く、その結果、江戸の発展、そして現在の東京の発展も無かったかもしれない。

延暦寺⑫▼大津市坂本本町 🚃京阪電鉄石坂線坂本比叡山口下車 徒歩15分比叡山ケーブル乗換 山上ではシャトルバス利用 🚗比叡山ドライブウェー利用

▲瑠璃堂 延暦寺の堂塔の中で、唯一焼討ちを免れた堂。焼討ちが決して、全山を壊滅させる程のものではなかったことを、具体的に物語っている。

◀玉体杉 比叡山の堂塔の多くが焼かれた。その様を見つめていたのが巨木達である。この杉は、西塔と横川を結ぶ、峰道の傍らに立つ。この道は千日回峰行の道でもある。行者はここに坐し、足下の京都御所に向かって玉体護持の祈祷を行う。巨木は焼討ちの思い出を行者に語るのだろうか。

④ 焼討ちの証人達

現在の延暦寺境内、日吉大社境内を構成している建造物群は、延暦寺の瑠璃堂を除き、全て信長・光秀の死後に建立された建物群である。この事は、比叡山の焼討ちが真実として行われたことを示している。しかし、具体的に焼討ちにあった事を物語るものを目にする事は殆どない。穴太積みの石垣が続く現在の坂本の街並みは、江戸時代の後半に整備された姿であり、焼討ちからの復興の姿ではない。

坂本の街を歩くと、不思議な石造物が目に入る。巨大ではあるが、何か違和感のある石造物達である。特に慈眼大師天海を祀る慈眼堂が顕著である。ここに安置されている、紫式部の供養塔や和泉式部の供養塔は巨大な五輪塔の水輪の上に直接、風・空輪が乗り、四角の地輪、三角の火輪が無い。清少納言の供養塔は、五輪塔の水輪の上に宝塔の笠が乗り、相輪の代わりに五輪塔の風・空輪が乗る。新田義貞の供養塔は一見宝塔に見えるが、基礎石が自然石となっている。桓武天皇の巨大な宝塔型供養塔が中央に鎮座するが、二重めの円筒軸が無く、相輪もない。

皆、巨大ではあるが、寄せ集めなのである。石造物の年代は鎌倉時代、室町時代のもので、焼討ちよりも古い。特に四角な石材、五輪塔であれば地輪、宝塔・宝篋印塔であれば基礎石の欠如が目に付く。なぜこのような不思議な石塔が祀られたのだろうか。

これらの前身は、様々な意味を込めて、坂本の寺院に建立された石塔だったのだろう。それが、何かの契機に破

▲**慈眼堂**　延暦寺の復興を主導した、慈眼大師天海の廟。天海は徳川家康・秀忠・家光に仕え、黒衣の宰相とも称された。

▲**供養塔群**　慈眼堂横にある、歴代の天台座主の他、桓武天皇・後水尾天皇等、延暦寺に縁の方々の巨大な供養塔群が林立する。

壊され、転用できそうな部材は何者かにより持ち去られた。そして、残された部材を、別の何者かが寄せ集め、延暦寺・比叡山に関係しそうな人物の供養塔として組み直した。

坂本の街を徹底的に破壊しろ！　家・堂舎には火をかけろ。燃えない石塔は引き倒し崩してしまえ！

石仏も倒してしまえ！　延暦寺・日吉大社の力を感じさせるものはことごとく破壊しろ！

部下達は命令通り、全てを破壊した。満足だ。

しかし、信長様の城を造るのに石材はいくらでも必要だ。使い勝手の良い四角い石は城に引いていかせよう。

光秀が生き残り、私になったという者も居るが、それは秘密じゃ。まあ、それもあっても良かろう。私にとっては、どうでも良いこと。

それにしても、信長殿も光秀も良くもここまで壊しつくしたものだ。あちこちに、大きな石塔の残骸が散らばっておる。

痛ましい。神仏を祀っていた聖なる石達。今なお、お前達には人を護る何者かが宿っているのを私は感じる。

形式など、どうでもよい。拾い集め、組み合わせ、新たな石の塔としよう。

石に宿る者達もきっと喜ぶに違いない。

慈眼堂⑬▼大津市坂本四丁目
京阪電鉄石坂線坂本比叡山口下車　徒歩7分　JR湖西線比叡山坂本駅下車　徒歩17分　県道47日吉大社前

▲**供養塔**　慈眼堂の寄せ集め石塔群を誰が、何時、何のために供養したのかは謎である。ただ、天海が、高島鵜川より運んだ阿弥陀石仏15体が、ここに安置されているから、天海がこれらを整備した可能性は否定できない。

6　坂本城

①　坂本城の築城

比叡山焼討ちを敢行した直後、信長は光秀に滋賀郡を与え、さらに坂本城の築城を命じる。光秀は、信長家臣団の中で初めて領国と、これを支配する城を与えられた。

比叡山の焼討ちは成功した。後の世の者どもは、悪逆非道の信長と儂を誇るだろうが、儂が日本を支配するために越えなければならないハードルだ。儂がやらなくても、必ず誰かがそれをやる。歴史の必然だ。

それにしても、光秀の活躍は見事だった。海千山千の比叡山麓の地侍どもをよく切り崩し、味方に引き込んだ。地侍を相手にすれば、わが軍にも損害が出たはずだ。それは避けたかった。馬借や坊主どもが相手だったから、我が軍勢の前には赤子の手をひねるも同然。軍の被害も最小限に抑えることができた。今回の作戦の成功は光秀の手柄だ。報いてやらねばなるまい。

さてと、延暦寺・日吉大社は地上から抹殺した。坂本の馬借どもは雲散霧消したが、すぐに戻ってくるだろう。次は、港を復興させ、戻って来た馬借どもを手なずけ、儂のために働かせなければならぬ。新しい信長の坂本づくりに取り掛からねば。

坂本の運営を誰に任せるか。これまでの働きを考えれば光秀しか居るまい。あ奴は、我が家臣団の中では新参者だが、その能力は高い。儂の片腕として、天下布武をサポートさせてやろう。

光秀！　お前に坂本と滋賀郡を任す。儂の名代としてこの地を支配しろ。

支配の象徴として、坂本に城を造り、ここに移れ。

ただし、お前が宇佐山城という山城から領国を見下ろすことは許さん。山にあって領民から仰がれるのは、真の支配者である儂だけだ。

新たな城は、湖水の水を堀に引き込んだ水城としろ。堀は、儂が湖水を渡り上洛するのに使う港としろ。

城には巨大な櫓をあげ、天主と名付けろ。天下の者どもに、儂の力・存在を具体的に感じさせる、誰も見たことがない華麗かつ豪壮な建物に仕上げろ。

無論、光秀、お前が天主に坐すことは許さん。天主は儂の象徴だ。お前は天主の下に屋敷を造りそこに坐し、儂の名代として、坂本と滋賀郡を運営しろ。延暦寺・日吉大社の管理も怠るな！

何と、信長様は私に坂本と滋賀郡を預けてくだされた。あまつさえ、城を造ることを許された。柴田殿より佐久間殿より先に、城持大名にお取立てくだされた。忝い。名誉なことだ。

これも、信長様の意を汲み、比叡山をなで斬りにした私の戦いぶりを認めてくだされたからだ。これからも忠節を尽くさねば。

新たな城は、湖水の水を引き込んだ水城にせよ、堀を港にせよ、と仰せられた。佐和山城を手に入れられ、岐阜と湖水の結節点を手に入れられたから、湖水を使い上洛することを考えておられるようだ。まだ、堅田がなびかぬ故、自由に湖水は使えないが、その先を見据えておられる。

滋賀郡を任せていただいたが、信長様に従っているのは、雄琴の和田等まだ少数だ。「任せたからには、切り取れ！」ということか。気力が充実する。この美しくも、活力に満ちた湖水を信長様のものとするため、大いに働かねば。信長様は、これに応えてくださるはずだ。

それにしても、城に天主を上げろ、と仰せられる。櫓を巨大にしたとて、戦の役に立たないこと位、信長様も解っておられるはずなのに、異なこと……。そうか、信長様は、城を戦いの施設ではなく、領国を支配する者の象徴と考えておられるのか。それであれば、信長様の権威が、天下に行き届くよう、華麗・豪華な天主を上げてやろう。

その元で、私は力を振るう。湖水の支配、その一端を私が担う。

この美しい湖水の元で暮らすことができる。私の望みが意外に早く叶えられたのかもしれない。

▲坂本城築城　坂本城の沖合から見る。中央の湖岸に建つ3階建ての建物が本丸の跡。その右の赤い建物が二の丸の堀。さらに右の白い建物の付近が三の丸の堀に相当する。画像左に山王鳥居が見える辺りが、城の南端に当たる。

② 坂本城の縄張り

坂本城は、元亀二年（1571）九月の焼討ちの直後から築城が始まった。その場所は「山門領」とあることから、延暦寺関係の港の施設を接収したのだろう。工事は順調に進み、元亀三年十二月には天主がその姿を現し、翌元亀四年には天主が完成し、光秀は、その下に建てられたとみられる小座敷に住まいを移した。

薩摩の島津家久《いえひさ》が上京した際に、坂本城を訪問し、光秀の歓待を受けた様子が『家久君上京日記：天正三年（1575）』に記されている。家久が連歌師の里村紹巴《さとむらじょうは》等と坂本の街を見物し、宿に戻ると光秀の迎えの船がやって来た。宿から乗船し、そのまま船で城の周りを漕ぎまわり見物した。その後、光秀自らの接待で、船の屋根の上で宴会となった。船を降りると、湖岸に蓆を敷き、また宴会となったが、この時「よし巻漁」が行われているのを興味深くみている。ややあって、城内を見物し、倉の薪を始めとする豊富な蓄えに目を驚かせている。

よし巻漁とは、湖岸のよし原に潜む魚を網で囲い、徐々に網を狭めて一所に寄せて捕る漁である。城内でこの漁が行われていたということは、主郭はともあれ、城の大部分は自然の湖岸線に接していたことを示している。また、城外から乗船した船がそのまま城内に入り、城の周りを漕ぎまわり見物しているということは、堀が琵琶湖に向かって開き、城内を巡るような構造であったことを想定させる。

坂本城は、本能寺の変の後焼失するが、直ぐに羽柴秀吉の手により再建され、坂本港支配の拠点として、引き続き機能した。しかし、秀吉が本拠を伏見・大阪に移すと、山中越えに向いた坂本の役割が薄れ、逢坂越えに面した現在の浜大津近辺の利便性が高まり、坂本城は廃城となり、替わって大津城が築城される。

その後、坂本城の縄張りは田畑の耕作、市街化の波に飲み込まれ、地表からその様相を窺うことが全く不可能な状況となってしまった。唯一、琵琶湖の水位が一一〇センチ以上低下すると、

▲よし巻漁（『近江水産図譜』滋賀県水産試験場提供）　よし原に潜む魚を網で追い寄せて捕る漁。坂本城の周辺も、こんな状況だったかもしれない。

本丸の前面にあったと考えられる石垣の基礎部分が現れる。

このような状況ではあるが、坂本城の縄張りを河川や、わずかに観察される不自然な土地利用の様子を基に、その復元を試みる。

〈本丸〉

琵琶湖の異常渇水時に出現する湖中の石垣（①）を起点とする。湖中石垣を本丸の東端とすると、この部分が微妙に琵琶湖に突き出ていることに気付く。これを琵琶湖に突き出た本丸の痕跡として捉える。次に、県道558号に面して「明智塚」と呼ばれる、小さな塚が残されている（②）。言い伝えでは、この塚は城内にあり、坂本城の落城後、光秀愛用の脇差を埋めたとも、明智一族の墓とも伝えられ、近接する住民の方に大切に守られている。この塚を本丸の北西隅と仮定する。

次に、下坂本の街中に「東南寺」が建っている（③）。この寺は現在、天台座主への登竜門として知られる「戸津の説法」が行われる寺として知られている。江戸時代の地誌には「東南寺は坂本城内に建てられ、古くは今津堂と呼ばれていた」と記されている。戸津も今津も坂本城築城以前に栄えた「坂本三津」の名称であり、東南寺付近が坂本の中心であったこ

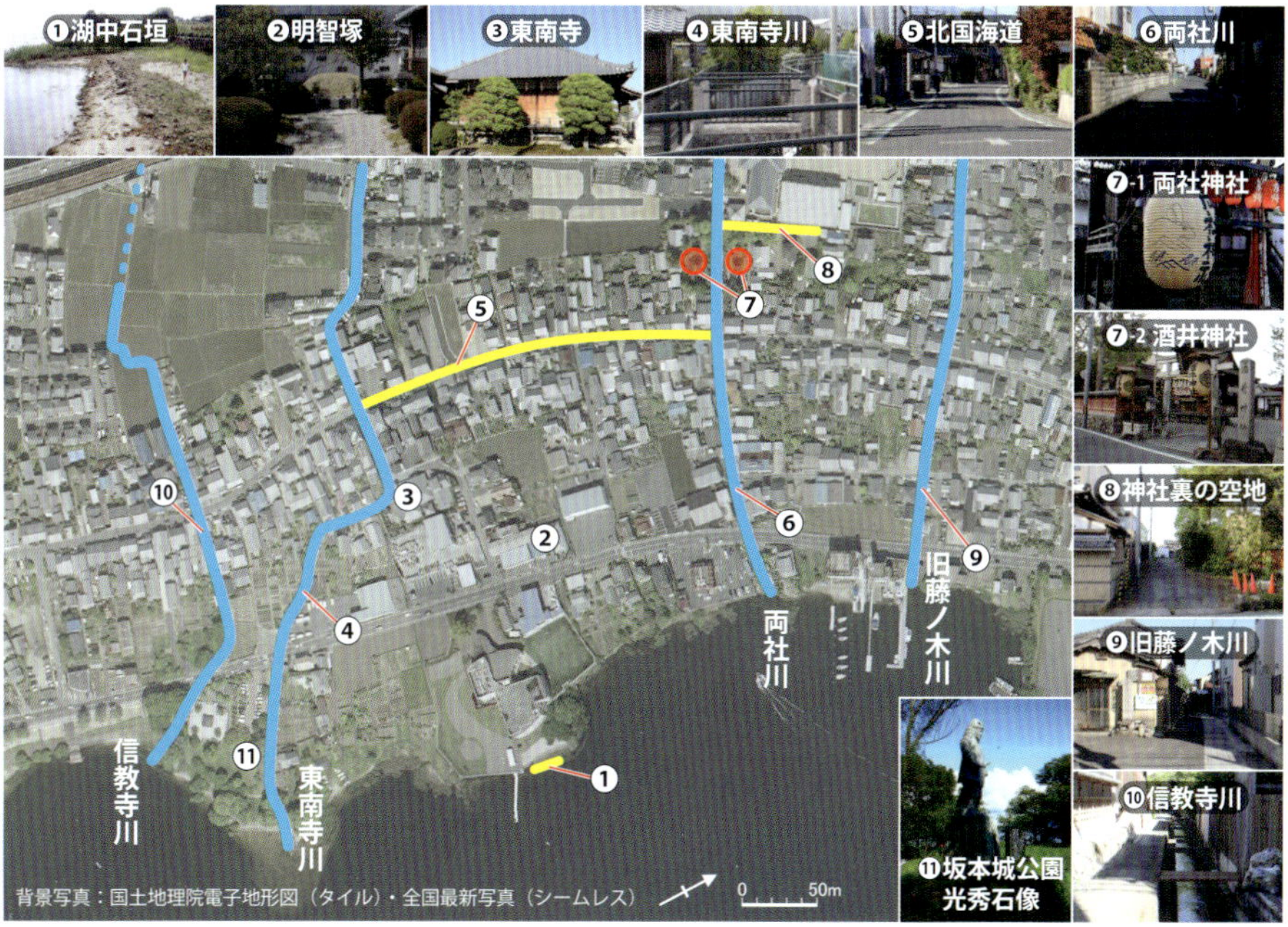

▲坂本付近　坂本城の周辺は構成の開発を受け、往時の姿をとどめるものは殆どない。本文で紹介した流路などのポイントを画像上に落としてみた。

とを窺わせる。東南寺の南を東南寺川が流れている④。現在は川が埋め立てられ水路状に狭まっているが、真っすぐに西から東に流れてきた東南寺川が、寺の南で流れを南東に変え、坂本城公園のデルタを形成する。この直進部分の延長と、明智塚から湖岸に並行して南に伸ばしたラインの交点を本丸の南西隅に想定する。

〈二の丸〉

下坂本の街中を近世の北国海道が貫いている⑤。この街道が近世の道としては異常に広い。乗用車が難なく離合できる広さがあり、大津市内を通る東海道の道幅とは全く異なり、近世の街道としては不必要なほどの広さがある。この不自然に広い道が、坂本城の中堀を埋めて造られた道と推定されている。

次に両社神社と酒井神社の間の道に着目する⑥。この道は、ここを流れる両社川をカルバート化して造られた道で、元々は川であった。この両社川を中堀の北辺と推定する。

次に、先に触れた東南寺川が東西に流れている部分を中堀の南辺と推定し、北国街道・両社川・東南寺川に囲まれた部分を二の丸として推定する。

〈三の丸〉

三の丸の推定起点は、酒井神社と両社神社である⑦。酒井神社は大山咋神を祭神とする。縁起では奈良時代に、下坂本の梵音堂にある石から酒が湧きだし、この酒が大山咋神であるとの神告を受け、この石をご神体として祀ったことに始まる。一方、両者神社は、鎌倉時代に、伊邪那岐《いざなぎ》命・伊邪那《いざな》美《み》命を祭神とし、高穴穂《たかあなほ》神社の祭神を酒井神社の境内に勧請したことに始ま

▲東南寺前の石碑　東南寺川と北国海道が交差するところに建つ石碑とオブジェ。二の丸の西南隅に当たる。柵の右が堀跡。

▲中堀の出　両社川が湖岸で地表に顔を出す。石垣護岸は近現代のものであるが、光秀の時代の堀の雰囲気を留める。

る。酒井神社は信長の焼討ちにより焼失する。現在の本殿は、再建された坂本城の城主となった浅野長吉が、酒井神社の神に祈ったところ長男が生まれたことから、浅野家の産土の扱いを受け、長吉の長男で広島藩の藩主となった浅野長晟《ながあきら》により元和六年（1620）に再建されたもので、再建の際に、酒井神社と両社神社の二社に分かれて建立された。長吉が酒井神社の神に祈った結果が長晟が生まれたということは、規模はともあれ、長吉の時代には酒井神社の社殿が再建されていたことになる。

　そして、この両社と下坂本小学校との間に不自然な空き地が帯状に延びており⑧、この部分が坂本城の外堀の西辺の一部と推定されている。一方、下坂本小学校の北を藤ノ木川が流れていた⑨。現在の藤ノ木川はさらに北に付け替えられ、旧藤ノ木川は細い水路と里道として残されている。この旧藤ノ木川が坂本城外堀の北辺と推定されている。また、坂本城公園に東南寺川と並行して流れ込む信教寺川という細い川がある⑩。河口付近は現在のデルタに合わせて改修されているが、下坂本の集落内ではほぼ東西に真っすぐ流れる水路として残されている。この直線部分が外堀の南辺と推定されている。そして信教寺川と旧藤ノ木川が、酒井神社・両社神社裏の空地の延長とぶつかるところが、各々外堀の西南隅と西北隅に当たり、これらの堀に囲まれた部分が三の丸となる。

　大津市教育委員会の復元では、本丸の北辺を南北に延長し、北の旧藤ノ木

▲本丸付近　画像の建物の周辺が、本丸の推定地。その右手の湖中に石垣が残る。本丸跡からは、屋敷の跡も発掘されている。

▲渇水時に現れる坂本城の石垣　琵琶湖の水位が110センチほど下がると姿を現す。胴木を置き、この上に石を積み上げる。

川、南の真教寺川にぶつかるラインを結び、ここに外堀・中堀・内堀が部分的に重なる縄張りを想定している。

しかし『家久君上京日記』に記されている、船を漕ぎまわって城内を見物した記事や、城内で「よし巻漁」を見物した記事などを勘案するならば、外堀の南辺・北辺がそのまま琵琶湖まで延び、中堀の北辺も琵琶湖に延び、中堀の南辺が内堀の南辺と重なり琵琶湖まで伸びる縄張りが適切ではないかと考えられる。琵琶湖に向かって「コ」の字を重ねたような姿である。

坂本城は元亀四年（１５７３）に光秀が堅田を攻略して以降、信長の上洛の際の港として使われる。また、後に紹介する信長の大船の母港としても使われた可能性が高く、光秀自身の水軍の母港としても使われた。また、坂本の湖岸に散在していた港を、坂本城の堀を使い、坂本城に集約させたことも想定される。とするならば、港として併用される複数の堀が琵琶湖に向かって開いた、港と城とが一体となった縄張りがふさわしい。

先にも触れたように、坂本城の縄張りを現状から探ることは難しい。歴史のうねりの中に坂本城は飲み込まれてしまった。しかし、それだけにわずかな痕跡を頼りに坂本城にアプローチすることも、歴史の中に消し去られた光秀の姿を再発見することに共通する。是非、読者なりの坂本城の姿を再現し、信長の、そして光秀の琵琶湖に対する想いを感じ取って欲しい。

坂本城 14 ▼大津市下坂本町 京阪電鉄石坂線松ノ馬場駅下車 徒歩15分 ＪＲ湖西線比叡山坂本駅下車 徒歩20分 国道１６１石川町

▲坂本城縄張り　周辺の地形から推測した。琵琶湖に向かって開く堀が港の機能を兼ねていたと想定。

③ 壺笠山城

坂本城は、琵琶湖の船運を支配するために造られた。琵琶湖の船運の掌握は、既に、古墳時代の初め（三世紀）から王権の経済的基盤と意識されてきた。琵琶湖の廻りには航路を見つめる古墳が次々に築造されたが、その中でも最も古い古墳が、坂本を見下ろす壺笠山古墳である。壺笠山は標高四二一メートルとそれほど高くはないが、特徴的な山容を持ち、その姿は安曇川の先端、船木崎からも確認することができる。湖西航路を採った船は、壺笠山を目指して航けばやがて坂本に着く。いわば自然の灯台の役割を果たしていた。ここに、近江最古の前方後円墳である壺笠山古墳が造られたのも、この灯台の機能を強く意識したためであろう。

そして元亀元年（1570）、志賀陣に際し浅井長政は、この壺笠山古墳の上に城を造り、立て籠もった。山頂（墳丘上）は狭い。とても大軍勢が駐屯できるスペースはない。長政は壺笠山という聖地に陣を置くことにより、己の正当性を主張しようとしたように思える。志賀陣の和議の後、壺笠山城は破壊されるが、光秀が宇佐山城に入城した時点で、光秀により接収され改造されたと考えられる。滋賀郡を切り崩し、比叡山の焼討ちを決行するためには、敵方に渡してはならない要地だからである。

そして、焼討ちが成功し、坂本城が築城されると、完全に廃城となる。しかし、船を坂本に導く灯台の力は少しも減じることなく発揮し続ける。

水主《かこ》達！　壺笠山を目指して船を漕げ。その麓が儂の港、坂本城。

壺笠山城 ⑮ ▼大津市坂本本町 京阪電鉄石坂線穴太駅下車 徒歩60分 県道47穴太

▲壺笠山城　この山頂に壺笠山古墳があり、その墳丘を利用して浅井長政は本陣を置いた。山頂は狭く、大軍はとても置けない。

▲琵琶湖から見た壺笠山城　壺笠山の頂上が比叡山から降りる稜線の上に顔を出し、遠くからでもよく見える。

3章 湖族光秀

1 湖北湖上焼討ち

信長は、浅井長政が持つ江北の港を奪い取ることに失敗したばかりか、志賀陣では絶体絶命の危機に追い込まれた。しかし、元亀二年（1571）の佐和山城の奪取、同年の比叡山焼討ちを契機に長政に対する攻勢を強めてゆく。元亀三年三月、信長は小谷城下に侵攻し放火すると、畳みかけるように同年七月、再び湖北に攻め込む。信長は、二十二日、山本山の城下、越前との境にあたる余呉・木之本一帯を放火すると、二十四日、一転して、浅井山中の大吉寺に立て籠もる一向衆を殲滅する。そして同日、明智光秀らに命じて、湖上から海津・塩津・余呉の入海・湖北一帯、さらに竹生島にまで焼討ちを仕掛けた。

陸上と湖上を連動させた焼討ちは、長政の経済基盤である港を叩くとともに、長政を小谷城に追い詰め、孤立させ、さらに、長政家臣団の動揺を誘い、信長への寝返りを促そうとするものだった。

長政には痛い目にあわされ続けたが、佐和山城を落として、やっと勝機が巡って来た。小谷城を攻めるのは簡単だが、あの堅城を力攻めすれば、多大な損害も覚悟せねばならない。

▲焼討ちのイメージ　光秀の時代、このような光景がしばしば見られたのだろう（画像は初夏の麦焼きの平和な煙）。

被害を最小限、できれば無傷で長政を葬りたい。そのためには、長政を小谷城に追い詰め、その周辺を徹底的に叩き、長政と家臣団との繋がりを分断してやる。

秀吉！　徹底的に湖北の地を焼き尽くせ！　百姓どもまで殺す必要はない。ただし、大吉寺に籠る一向一揆の門徒どもは、なで斬りにしろ。長政に呼応して他所から流れてきた連中だ。殺しても湖北運営には影響ない。容赦するな。

光秀！　お前は堅田の殿原衆《とのばらしゅう》、打下《うちおろし》の林と連動して湖上から長政の港を攻めろ。

儂は長政の港を全て奪い取る。そして湖水を全て支配する。そのための前奏曲だ！

光秀！　お前なら儂の意図がわかるはずだ。江北の船人どもに、新たな湖水の支配者の登場を恐怖とともに刷り込んでやれ。

信長様は、湖上から湖北の港に焼討ちをかけろと命じられた。堅田の殿原衆は信長様に好意的だ（堅田合戦、58頁）。打下の林も信長様になびいてきた（高島攻め、68頁）。しかし、まだ、船が足りない。沖島の連中の船も欲しい。

普通の船では反撃を受ける。「囲船《かこいぶね》」を造らせよう。そして仰々しく飾り立ててよう。

者ども、私に従い船を走らせろ。まずは海津を攻める。そして塩津だ。二つとも、外海と湖水を結ぶ港。長政殿の資金源だ。

船上から鉄炮・大筒を放ったところで、さほどの威力がないことぐらい承知している。届く範囲で構わん、鉄炮・大筒・火矢も放って湖岸に火をかけろ。

今回の戦の相手は船人だ。湖水に糧を求める奴らに湖水から攻めかかれ！　奴らが崇める湖水の神とは違う、圧倒的な力を持つ、新たな湖水の神の到来を湖水から告げるのだ。鉄炮・大筒の轟音を放て！　太鼓・陣鐘を打ち鳴らせ！　湖水から攻められる恐怖を刷り込め！　新たな湖水の神は信長様だ！　そして、お前らを支配するのは私だ！　気分が高ぶる！

▲光秀による湖上焼討ちの進軍経路　坂本を本拠としていた光秀は、各地の船侍の船を集め湖西を北上し、まず海津を攻めた。

① 沖島

沖島は世界的にも稀な、淡水の湖に浮かぶ有人の島として知られている。沖島の歴史は古く、奈良時代に藤原不《ふ》比《ひ》等《と》により、航海安全を司る宗像《むなかた》の神の内、多紀里姫《たぎりひめ》を勧請し奥津島神社を建立したことに始まる。何故、古代国家の宰相が琵琶湖の孤島に、自ら神を迎える必要があったのか。それは、ひとえに沖島の地理的有意性にある。琵琶湖の東岸は西からの季節風が吹き付け、船の航行に支障をきたすことも多い。その中にあって、沖島と、この東の奥島山に挟まれた水道は、沖島が季節風を遮るため、波穏やかな水面が広がることから、湖東航路を航く船は、好んでこの水道を使う。このため、必然的に、ここに航海の安全を託す神が迎えられることになる。

多紀里媛が迎えられて以降沖島は、人の住むことが許されない神の島として時を重ねたが、平安時代の終わり頃、平家との抗争に敗れた源満仲の家臣達が、都を逃れ、沖島に住み着いた。これが、沖島と人とのかかわりの始まりと伝えられている。そして、沖島はこの時以降、沖島水道を利用した水運、漁業の島としての歩みを始める。

沖島は、琵琶湖水運により発展した堅田（堅田合戦、58頁）との関係が深く、その影響を強く受けていた。応仁二年（1468）、京都花御所の造営木材を琵琶湖を使って運ぶ途中、堅田の殿原衆がこれを横領した。これに端を発し、堅田の街は、延暦寺の攻撃を受け壊滅する。当時、堅田の本福寺を中心に活動していた蓮如をはじめとする堅

▲湖上から望む沖島　左の頭山と、右の尾山に接する狭い平地に、住宅が密集して建ち並ぶ。湖を生業の場として選んだ景観。

▲沖島から見下ろす沖島水道　沖島から見下ろした沖島水道。水道を航行する船の動向をつぶさに把握することができる。

田の住人はことごとく沖島に逃れ、ここで二年余り暮らすことになる。
戦国時代に入ると沖島は、六角氏、次いで浅井氏、そして信長の支配下に入る。元亀三年（1572）、信長は長政を封じ込めるため、湖北に対する焼討ちを敢行するが、この時、先に紹介したように、光秀等が湖上からの攻撃を行った。この船を使った戦闘に沖島の船人が参戦している。焼討ちの一か月前、信長は沖島に対して早船を三艘、水主《かこ》を付して用意し、堅田の船侍達と行動を共にすることを求めている。早船という表現から、帆走する船ではなく、複数の櫂、もしくは櫓で航行する船で、これを囲船（トピックス②、66頁）に改造したと考えられる。

信長様が、湖水から長政殿の拠点を焼討ちするようお命じになられた。攻撃船団を造らねば。坂本の船だけでは心許ない。堅田の船侍達は船を出すことを了解してくれた。
しかし、圧倒的な船数がほしい。
何？ 信長様が沖島の船人に船を供出し、私に預けるようお命じになられたと！ さすがだ、沖島・堅田の連中は船を自在に操る技術を持っている。ここに私が培った戦術を組み合わせれば、向かうところ敵なしだ。大船団を率いて湖北の湖に攻め込んでやる。気分が高揚するぞ。堅田衆・沖島衆！ 私に従い船を漕げ！

沖島⑯▼近江八幡市沖島町 JR近江八幡駅よりバス 堀切で沖島通船乗り換え 県道25堀切港より通船

▲魚港にひしめく沖島船団　沖島の暮らしを支えるのは船。光秀の時代にも、このような景観があっただろう。

▲どんど焼き　沖島の正月に行われるどんど焼き。県下最大級の火の祭り。

② 海津

海津は、敦賀と琵琶湖とを結ぶ結節点として栄えた宿場であり、港である。街は、琵琶湖と内湖との間に延びる細長い自然堤防上に営まれ、水路を介して背後に広がる内湖が港として利用された。海を渡った物資は海津に集まり、湖を渡り大津を目指した。江戸時代の記録ではあるが、三十万石もの加賀藩の藩米が海津の蔵屋敷に集積されたという。

海津は、海津衆と呼ばれる地侍達が支配していた。海津衆は浅井氏と縁戚関係を結び関係を深めるとともに、軍馬を供給するなど、経済・軍事両面で浅井氏を支えていた。浅井との関係が深い海津が、光秀の攻撃にさらされることは必然だった。

まずは海津を叩け！ 内湖にある港の船まで深追いする必要はない。海津衆の反撃を受ける！ 何れ信長様の荷を運ぶ船だ、今奪い取る必要はない。湖岸の屋敷に火を放て！ 新たな支配者の到来を海津衆に刷り込め！

▲海津の街を護る石垣　琵琶湖の波はきつい。湖岸に建ち並ぶ屋敷を波から護るため、万里の長城のような石垣が築かれた。

▲昭和初期の海津の町並み（石井田勘二氏撮影；高島市教育委員会提供）画像の右手に細長く広がるのが内湖。船は内湖を港とした。

海津は一二〇〇メートルにも及ぶ防波石垣が印象的な街である。この石垣は元禄年間（十七世紀後半）に築造されたとされている。しかし、石垣の石材を観察すると、観音寺城に見られるような巨大な矢穴を持つものが多くみられる。無論、幾度も積み替えられてはいるが、その始まりは光秀の焼討ちまで遡る可能性もある。

海津⑰▼高島市マキノ町海津・西浜・知内 🚃ＪＲ湖西線マキノ駅下車 徒歩10分 🚗国道161西浜

③ 塩津

塩津は日本海に最も近い琵琶湖の港として、古代から大いに栄えた。近年の発掘調査の成果に拠れば、古代の港は、現在の湖岸近くにあり、少なくとも奈良時代から平安時代の終わりごろにかけて、何度も修復を繰り返しながら使い続けられてきたことが、明らかとなった。また、出土した遺物は量、質ともに通常の集落とは比較できないほど充実しており、この港の繁栄ぶりを窺うことができる。

中でも、港に近接して発見された神社の跡からは、塩津を中心に活動する運送業者達が、神々に「自分がいかに正直で安心できる運送業者であるか」を誓った「起請文木札《きしょうもんきふだ》」と呼ばれる巨大な木簡が大量に発見され、注目された。起請の文言は定型的で、まず、日本の神々の名前を書き、次に畿内の神々の名を書き、次に近江の神々の名を書き、次に地元の神々の名を書き連ね、自分が正直であることを述べ、もしこれが偽りであったなら「体中の八万四千の毛穴ごとに神罰を受けて死んでもかまわない」と誓う。

彼らにとって、神は機能していた。その神とは、船を走らせる琵琶湖に宿る神である。その感覚は、光秀の時代も生きていただろう。神が護っているはずの湖水から、光秀の船団が轟音とともに悪鬼のごとく出現した。

葛籠尾崎《つづらおざき》を回り込んで塩津の港に攻め込め！

なるほど、あの正面の山を越えれば海か。平清盛公が琵琶湖と海を結ぶ運河を造らせようとした気持ちもよくわかる。

越前と湖水を結ぶ重要な港だ。ここには海津衆のような軍事力は無い。反撃を心配せず、港の中まで攻め込み、港と家を悉く焼き払え！

塩津衆！お前達の守り神は、信長様の前に屈した。新たな神に従え！船は戦利品だ。分捕って自分達の港に持ち帰れ！

塩津⑱▼長浜市西浅井町塩津 🚃JR湖西線塩津駅下車 徒歩30分 🚗国道8塩津

▲塩津湾から塩津港を望む　琵琶湖の最奥の港が塩津。画像正面の山が近江と越前の国境で、登れば足下に、日本海が広がる。

④ 余呉

光秀らの軍勢は、塩津港を焼くと「余呉の入海」にまで攻め込む。

現代の感覚からすると、塩津から余呉湖に入るには、旧木之本町を通る北国街道を利用する。しかし、当時の塩津港は琵琶湖の水位の変動により、現在の湖岸よりも七〇〇《メートル》余り内陸まで入り込んでいたと想定される。とするならば、塩津港に乗り込み、上陸して港と街を焼討ちした後、祝山《ほりやま》から峠道を通れば、すぐに余呉湖に至る。おそらく光秀はこの道を通り、余呉湖一帯を攻撃したのだろう。

余呉湖は鏡湖とも呼ばれるように、静かな湖面が広がる神秘的な湖である。しかし、歴史の荒波がこの湖を幾度も襲った。とりわけ天正十一年（1583）、賤ヶ岳合戦は余呉湖周辺で戦われ、柴田勝家の軍勢と羽柴秀吉の軍勢は、余呉湖を挟み数多くの砦を造り対峙し、激突した。何故、余呉湖が戦場として選ばれたのか。それは、ここが事実上の近江と越前の境目に当たるためである。言い換えれば、越前と近江の交易の要所でもある。

長政にとって、余呉への影響力を失うことは、経済的にも孤立することを意味していた。

信長様は「余呉の入海」まで攻め込めとお命じになった。近江と越前境にある余呉を戦略拠点として考えておられる。

昨日、木下殿が北国街道から木之本、余呉に攻め込んだはず。今度は山を越えて余呉に攻め込んでやる。浅井に味方する余呉の連中も、よもや立て続けに、しかも、背後の山から攻められるとは思ってもいないだろう。畳みかけろ！　余呉湖に紅蓮の炎を映せ！　北国街道の支配権も手に入れてやる。諦めて、信長様に従え！

余呉湖⑲▼長浜市余呉町川並 🚃ＪＲ北陸線余呉駅下車 徒歩7分 🚗国道365余呉湖口

▲賤ヶ岳城から望む余呉湖　余呉湖周辺を南（画像の手前）に抜ければ、近江の平野に至る。ここは観念的な近江と越前の国境である。谷に沿って走る北国街道が見える。

⑤ 山本山城

塩津港を出て湖東航路を採る船は、塩津の真正面にある尾上を目指す。尾上の東には野田沼と呼ばれる内湖があり、これが港として使われていた。この街と港を見おろす山本山の上に築かれた山城が、山本山城である。山本山から北に延びる丘陵を古保利《こほり》丘陵と呼ぶが、ここには琵琶湖の航路を見つめるように百十基もの古墳が一列に築造されている。おそらく、山本山上にも古墳があったはずであるが、城がこれを破壊してしまった。

信長は、元亀二年（1571）年以降、度々湖北に侵攻し、焼討ちをかけるが、その度毎に攻撃の対象とされたのが、山本山城の城下である。光秀の湖上焼討ちの際も、塩津、余呉の次に「江北の敵地」を攻撃し、次に竹生島に向かっているから、文脈・地理的に見ても尾上を始めとする山本山城下を攻撃したと考えられる。

山本山城の城主は阿閉貞征《あつじさだゆき》。長政の経済を支える琵琶湖航路を扼する城を任されるほど、長政にとって重要な家臣であったと考えられる。信長はこの阿閉を執拗に攻撃する。長政が立て籠もる小谷城は、無理攻めしたら多大な損害を被ることは目に見えている。損害を最小限に抑え、小谷城を落とすためには、家臣団の裏切りを誘うのが効果的である。その裏切りを誘う相手として阿閉が選ばれた。事実、度重なる攻撃に耐えかねたのか阿閉は、天正元年（1573）八月八日、長政を裏切る。これをきっかけに小谷城攻防戦が始まり、信長は、わずか二十日余りで、長政に味方する越前の朝倉氏を滅亡させ、小谷城を落城に追い込んだ。

山本山城下を焼け！ ここも一昨日、木下殿が焼討ちし、城兵を多数打ち取り信長様に褒められたと聞く。悔しい。木下殿に負けぬ手柄を立てねば。徹底的に港を焼き尽くせ！ 燃え上がる港を見せつけ、阿閉殿を絶望の淵に叩き込め！

山本山城⑳▼長浜市湖北町 JR北陸線河毛駅下車 徒歩90分（山頂） 県道44鶏が神社より徒歩30分で山頂

▲湖上から望む山本山城　古保利丘陵が延び、その先端の高まりが山本山である。山麓には港として使われた野田沼が広がる。

⑥ 竹生島

竹生島は、神の宿る島として多くの人々の信仰を集め続けているが、その成り立ちは複雑である。

竹生島に対する信仰は、浅井郡の守り神である浅井姫の島に対する、地方的な祭りの場として始まった。やがて、大和に政権が成立すると、国家の経済を担う琵琶湖航路の重要性が増し、ここに航海安全を司る国家神である宗像の神の内、市杵島姫《いちきしまひめ》が勧請される。さらに海上に浮かぶ補陀洛観音浄土《ほだらくかんのんじょうど》を竹生島になぞらえ、観世音菩薩が迎えられ観音巡礼の霊場となる。また浅井姫が水を司る神でもあることから、水神としての弁才天が迎えられ、琵琶湖の守り神となってゆく。さらにこの弁才天が、五穀豊穣や食を司る宇賀神と合体し、竹生島弁才天が誕生する。

竹生島弁才天は、その八本の腕に武器を携えることから軍神としての性格が加えられ、さらに蔵の鍵を持つことから、財福神の性格も加え、竹生島弁財天となる。いわば、最強の現世利益を司る神となり、広い信仰を集めることになる。そして長く弁才天を祀る、「竹生島弁財天社(竹生島権現)」と観音を祀る宝厳寺《ほうごんじ》からなっていたが、明治政府の神仏分離令により強制的に、弁才天と観音を祀る竹生島宝厳寺と、市杵島媛を祀る都久夫須麻《つくぶすま》神社に分離統合され、現在に至っている。

▲湖上から望む竹生島　伊吹山と高さを競った浅井岳が急に背を伸ばし勝った。怒った伊吹山は浅井岳の首を跳ね飛ばした。その首が琵琶湖に沈み竹生島となった。

竹生島弁財天に対する湖北の人々の信仰はとりわけ篤く、今に至るまで竹生島蓮華会という盛大な祭りが継承されている。この祭りは、湖北の中でも特に裕福な家の主が頭家を務め、かつては、毎年の祭りごとに弁才天の像を新調し、竹生島に奉納していた。長政の父である浅井久政、母である寿松《じゅしょう》も頭家を務めた記録が残っている。女性である寿松も独立的に頭家を務めているということは、浅井一族の経済力の高さを示している。浅井氏が信仰した弁才天は、ここで、浅井の守り神である浅井姫が変身した弁才天である。

一方、織田信長も弁才天を信仰している。天正九年（1581）、信長は突然竹生島に参詣し、弁才天を勧請（弁才天像を奪い）し、安土城に迎える。信長は、竣工した安土城天主に対して、琵琶湖をも支配する信長神の神殿としての霊性を加えようと考えた。そのためには、琵琶湖の守り神である竹生島弁才天を天主に迎える必要があった。

信長様は、最後に竹生島を攻めろ、と仰せられた。湖水の守り神の弁才天女がおられるあの島を攻めるのか？　罰は降らないだろうか？　竹生島には延暦寺とは全く違う神威を感じる。不安だ。

おお、ここから小谷城が見えるではないか。そうか、信長様が焼けとお命じになったのは、信長様の崇める弁才天女ではなく、竹生島に宿る浅井の守り神なる、浅井姫様なのか。

浅井の守り神が私の軍船に攻められ、炎に包まれる。それをあの城から、長政殿が見ているのだ。その焦燥は如何許りか。長政殿の家臣達も絶望するだろう。

竹生島を崇める湖北の船人達も燃えあがる浅井姫の社殿を見、新たな湖水の神の出現を重ねて思い知ることになるだろう。

者ども！　竹生島に轟音と共に攻めかかれ！

▲都久夫須麻神社　元々は竹生島弁才天社であったが、明治の神仏分離令により、弁才天はここから出され宝厳寺に遷された。

▲小谷城から望む竹生島　小谷山は浅井岳とも呼ばれる。竹生島は浅井の守り神であり、長政にとって心の拠り所だった。

竹生島㉑▼長浜市早崎　⛴長浜港・今津港・彦根港より定期船利用（有料）

2 堅田合戦

堅田《かたた》は、琵琶湖が最も狭まるところの西側に発達した集落である。琵琶湖を行き来する船は、この狭い海峡を必ず通らなければならない。この海峡を押さえることは、琵琶湖の船運を支配することに繋がる。堅田の歴史は、この特殊な地形の元に紡がれてきた。信長にとって、堅田は絶対に手中に収めなければならない処である。船運による経済の掌握は元より、信長自身が琵琶湖を使って都との間を自由に行き来するためには、この海峡の安全運航が保証されていなければならない。

十一世紀頃、堅田は下鴨神社の供御人の地位を手に入れる。〝神に対し定期的に、確実に琵琶湖の魚を供進するためには、確実に魚を捕る必要がある〟と言う事を理由に、堅田は、琵琶湖の自由航行権を正当化して行く。一方で、延暦寺の荘園化も進む。琵琶湖航路の最大の荷主は延暦寺である。その延暦寺が、船荷の安全運搬のために、この海峡を管理しようとしたことは当然である。下鴨神社・延暦寺の保護の元で、堅田は力を蓄え、船を操り武力を持った階層の「殿原衆《とのばらしゅう》」と、商人・農漁民階層の「全人衆《まろうどしゅう》」に分かれ、それぞれの代表による合議により堅田を運営するようになる。殿原衆は、延暦寺に認められた海峡の管理を拡大解釈し、「上乗権」と称する通航する船に対する武力を背景にした課税により、力を付け、徐々に領主である延暦寺からの独立性を強めるようになる。

▲臨済宗祥瑞寺　若き日の一休宗純が修行をした寺。延暦寺とも全人衆とも距離を置いた殿原衆は、この寺に帰依した。

ほぼ同じ頃、京都での布教活動を延暦寺により妨害された浄土真宗の蓮如は、堅田の本福寺に本拠を移し、全人衆に対して、教線を拡大させる。ここにおいて、全人衆にも延暦寺と反目する要素が生まれる。そして、沖島の項でも触れた、「花の御所」造営用材を殿原衆が横領したことに端を発し、幕府の命令を受けた延暦寺による「堅田大責」が勃発する。二年後、沖島に逃れていた堅田衆は、延暦寺に莫大な礼銭を払い、堅田に復帰するが、武力で延暦寺に屈した殿原衆の勢力が弱まり、全人衆が堅田運営の主体となる。このような情勢の元、元亀元年（１５７０）

の志賀陣に際し、殿原衆が信長に内通し、信長軍を堅田に入れるが、全人衆と組んだ浅井・朝倉連合軍との間の戦闘が勃発し、信長軍は惨敗を喫する。

あの時(元亀元年)は、堅田を手に入れる絶好のチャンスだったが、全人衆達にしてやられた。
まだ時期尚早か。
いずれにしても、堅田を手に入れなければ、儂の船を自由に湖水を行き来させることができない。
坂本城の光秀に命じ、堅田の切り崩しをさせねば。

志賀陣で信長様は堅田に負けた。
坂本城を任かされた後、比叡山の焼討ちに向けて、殿原衆の一部を味方に付けた。これを足がかりに殿原衆の船侍達を味方に付ける調略を進めて行こう。

▲浄土真宗本福寺　浄土真宗は、全人衆の支持を集め、その教線を拡大する。蓮如はこの寺に布教の本拠を置いた。

元亀三年（1572）、信長は三方原の合戦で武田信玄に敗北を喫する。これを見た、信長への敵対を強めてきた将軍義昭は石山に砦を造り、さらに堅田城に磯谷久継《いそがいひさつぐ》、渡辺昌《わたなべまさ》の兵を入れる。これに対して信長は直ちに兵を発し、柴田勝家等が石山砦を落とすと、堅田城を光秀が囲船群を率い湖上から、丹羽長秀等が陸上から攻撃する。四時間あまりの激戦の末、光秀の水軍が、防御を破り、これをきっかけに堅田城を落城させる。

堅田を落とすチャンスが巡ってきた。堅田の殿原衆と呼応して、湖上から攻撃する！
昨年造った囲船を今回も使おう。
少々の犠牲はやむを得ん。何としてでも堅田を落とし、この海峡を手に入れる。

やっと、堅田城を落とした。
ここで、十八人もの部下を死なせてしまった。申し訳ない。
しかし、堅田はそれに見合う以上の価値がある。これで、信長様の船が自由に湖水を行き来することができる。そして、港としての私の坂本城の価値が、ますます高くなる。私も、湖水支配の一翼を担うことができる。

① 浮御堂

　堅田は、堅田城のある今堅田と、堅田の鎮守である伊豆神社を中心とした本堅田に分かれる。この本堅田の湖岸から琵琶湖に突き出た堂が見える。浮御堂である。浮御堂は堅田とも縁の深い延暦寺の僧で、日本の浄土教の基礎を造った恵心僧都源信（942～1017）が、水想観という修行を行ったところされる。水想観とは、ひたすら浄土を念じて気を放つと、これに感応して堂に浄水が満ち、蓮華が咲き乱れる仏世界が感得できるという行である。琵琶湖に浮かぶ浮御堂は、まさに源信が感得した琵琶湖にある浄土世界を現した堂といえる。

　坂本城を出た光秀の船団は、浮御堂を左に見ながら堅田城に向かう。時は辰の刻（午前八時頃）、早春の朝日が浮御堂を照らしていたであろう。

堅田城が見えてきたぞ。
　磯谷殿を始め堅田の一向宗徒達が立て籠もっている。激戦は必至だ。ここで命を落とすやもしれぬ。
おお、弥陀のおわす浮御堂が光を受けて輝いている。

　死にたくはないが、死して弥陀の浄土に生まれ変わるなら、それもよかろう。者ども、行くぞ！　隊列を崩すな！　水主《かこ》達、力の限り船を漕げ！

浮御堂㉒▼大津市本堅田・今堅田　JR湖西線堅田駅下車　徒歩30分　国道161仰木口より琵琶湖へ

▲月明かりに照らされる浮御堂　光秀の時代にはまだ成立はしていなかったが、近江八景「堅田落雁」の舞台となった堂。

▲浮御堂の千体阿弥陀仏　恵心僧都源信縁の浮御堂には、源信の浄土の教えを伝えるように、千体阿弥陀仏が安置されている。

② 堅田城

堅田城は十四世紀代には築城されたとされている。その場所は明確ではないが、三方を水面に囲まれた水城とされ、現在の今堅田の湖岸、出島《でけじま》の灯台がある近辺と考えられている。出島の灯台は、堅田に出入りする船の安全を確保するため明治八年（1875）に建築された、全国的にも珍しい淡水の湖に建つ灯台である。

現在、市街化の波に飲み込まれ城の状況を窺い知ることは、困難な状況となっているが、出島灯台の基礎石垣や、近世のものではあるが、湖岸線に沿って築かれた防波石垣等が水城の様子を想像させてくれる。また、現在の琵琶湖に就航する大型船を建造する造船所も、堅田城に近接し、湖と共に生きる堅田の文化を今に伝えている。

▲**堅田城推定地**　画像手前の黒い塔が、出島（でけじま）の灯台。この周辺に琵琶湖の面し、堅田城があったとされる。

堅田城が近づいて来た。

昨年の湖上焼討ちとは違い、相手は死に物狂いで反撃してくる。防御を怠るな。陸上から攻める丹羽殿と連動し、城の隙を見つけて一気に攻め込め！

湖族光秀の実力を堅田衆に見せつけてやれ！

堅田㉓▼ 大津市本堅田・今堅田 🚃JR湖西線堅田駅下車 徒歩15分 🚗国道161堅田駅前

▲**今堅田の護岸石垣**　堅田城跡にある防波石垣。光秀の時代のものではないが、城の風情を感じさせる。

▲**堅田城付近の入り江**　出島灯台の石垣から入り江が伸びる。左手の建物は琵琶湖の造船所。湖と生きる街が堅田。

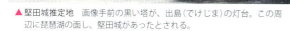

③ 堅田の港

堅田の街は、琵琶湖と、街の背後に細長くのびる内湖との間に発達した自然堤防上に立地する。湖上焼討ちの際に、攻撃目標とされた海津とほとんど同じ地形である。琵琶湖の船舶は、沖合での安定走行よりも、湖岸への接岸の利便性を選択した。風強く、波荒い外洋を航行する船は船底をV字型に造るから、浅瀬には入れない。それに対し琵琶湖の船は、船底をほぼ平らに造る。波風には弱いが、外洋の船ほど長距離を航海するわけではない。それよりも、湖岸に直接、或いは、内湖やクリークに入り込むことを優先させた。潮の干満の無い琵琶湖だから、好きな時に、好きなところに船を着けることができた。

現在の琵琶湖の港は、船の大型化に伴い、海と同様、琵琶湖に向いて開き、防波堤で囲み船を護る。しかし、この姿は二十世紀末に施工された、琵琶湖総合開発に伴う補償工事の結果生まれた景観である。

それ以前の港は、琵琶湖に流入するクリーク、そして内湖が好んで使われた。湖とはいえ、琵琶湖の風波はそれなりに強い。波に洗われ、岸にたたきつけられれば船が壊れる。そこで、波の穏やかなクリークや、内湖が港として使われた訳である。その典型的な例が海津であり堅田である。

堅田の街は、内湖と琵琶湖とを結ぶ「西の切り」、「東の切り」等の「切り」と呼ばれる水路により区切られている。内湖に係留された船は、切りを通り、琵琶湖に出ていった。

光秀の時代、堅田にどれほどの船が

▲堅田クリークに係留された船　堅田の港は内湖や、琵琶湖と内湖を結ぶクリークを利用していた。家に面した水路に係留された船は、まさにガレージの車。湖とともにある堅田の暮らし。

あったのかは正確には判らない。しかし、元亀二年（1571）に、佐和山城を信長に明け渡した磯野員昌の軍勢を運ぶために、堅田から百艘の船が徴用されたと記録されている。現在とさほど変わらないほどの船が、堅田内湖にひしめいていたのかもしれない。

　彼らは、湖岸から琵琶湖を監視し、船が通りかかると、武装船を漕ぎだし、横付けし、税を徴収する。もし、不服を唱える船が現れれば、たちまち海賊に変身する。おそらく使われた船は、五～六人程度が乗り、複数の櫓か櫂で、逃げる船を敏速に追跡することが可能な中型船だったと考えられる。堅田攻めの時点で、船を操る殿原衆は、信長の命を受けた光秀の調略により、信長方についていた。

堅田城が見えてきた。城に籠っているのは、全人衆と一向宗徒で軍船を持っていない。船を使った反撃はない。城を破る事に集中しろ！鉄炮・大筒をどんどん打ち込め！

堅田城㉔▼大津市今堅田　🚃JR湖西線堅田駅下車徒歩20分　🚗国道477道の駅米プラザより徒歩10分

▲現在の堅田港　漁港にはおびただしい数の船が係留されている。鮎沖抄網漁の高速漁船群は、堅田湖族を連想させる。

▲琵琶湖と内湖とを結ぶ「切り」　琵琶湖と内湖は「切り」と呼ばれる水路で結ばれる。画像は伊豆神社に近い「宮の切り」。

▲堅田で見かけた船着場　琵琶湖の船は、この程度の桟橋があれば係留することができた。これでも立派な港である。

④ 天然図絵亭《てんねんずえてい》

堅田の殿原衆を代表する武家に居初《いそめ》氏がいる。居初氏は、平安時代にはすでに名前が見える名家で、堅田海峡を舞台に活動してきた。始め、居初氏を始めとする殿原衆は、延暦寺の影響下にあったが、後に、一休宗純が修行したことでも知られる臨済宗祥瑞寺《しょうずいじ》に帰依し、浄土真宗本福寺に帰依する全人衆とは一線を画すようになる。

やがて、殿原衆は新興の全人衆の台頭に押されて、堅田内での影響力を弱めると、巻き返しを図るため、信長との連携を図る。元亀元年（1576）の志賀陣では、信長の軍勢を堅田に引き入れるが、反対に全人衆と組んだ浅井・朝倉連合軍に惨敗する。殿原衆はこの抗争により、さらに堅田での影響力を減じるが、これにつけ入るように、信長は居初氏をはじめとする殿原衆の切り崩しを図る。当然、坂本城にいた光秀がここに大きな力を発揮しただろう。そしてその成果が、元亀三年の、光秀の指揮による湖上焼討ちへの従軍に繋がる。

居初氏が信長、そして光秀に従い生き残りを図ったのは、結果として正解だった。本能寺の変の後、居初氏は武家を捨てるが、船運に対する影響力を維持し続け、堅田の大庄屋として、信長文書を始めとする多数の歴史資料と共に、現在にその家を継いでいる。

特に、居初家に伝わる優れた歴史文化遺産に、天然図絵亭と呼ばれる茶室および庭園がある。この茶室と庭園は天和元年（1681）に、居初氏と親交の厚かっ

▲茶室から望む庭園　天然図絵亭の茶室から庭園を鑑賞する。障子戸越しに見る庭園は、額縁にはめられた一幅の絵を鑑賞する風情がある。それは、琵琶湖の風情を映し刻々と移ろう絵である。

た、茶人として著名な藤村庸軒《ふじむらようけん》と、料理の幽庵焼にその名を遺す北村幽庵《きたむらゆうあん》の協力により整備されたとされている。

この庭園は琵琶湖越しに、対岸の近江富士と賞される三上山や、湖東湖南の山々を景として取り込んだ典型的な借景庭園として知られている。琵琶湖の水面を借景とするため、築山は極力低く築かれ、これも、低く仕立てられた植え込みの間に、江戸時代初期とは思えないほど斬新な、直線的デザインの敷石が配され、視線を琵琶湖とその背後の山々に誘っている。また、茶室の建具には海北友松《かいほうゆうしょう》作の花鳥図が描かれ、簡素な茶室に彩りを与えている。

比叡山の焼討ち後に、私は滋賀郡を頂戴したが、この堅田合戦の勝利により、やっと、名実ともに滋賀郡が私のものとなった。

次は、滋賀郡を足掛かりにし、その北、高島を取り込む。

居初殿、信長殿への忠誠、忝《かたじけな》い。そなたを始めとする殿原衆の助力により、こたびの合戦で、堅田を信長様の元に従えることができた。堅田でのそなた達の力を安堵しよう。

次は、高島攻めに協力してくれ。

天然図画亭㉕▼大津市本堅田　🚃JR湖西線堅田駅下車　徒歩15分　🚗国道161堅田駅前から琵琶湖へ

▲庭園の借景となる三上山　この庭園は借景庭園として名高い。琵琶湖越しに浮かぶ三上山が蓬莱山を思わせる。

▲斬新なデザイン　庭園に直線的に配された敷石に目が向く。敷石に沿って視線は琵琶湖に、そして三上山に導かれる。

▲石垣で囲まれた茶室と庭　庭園の外側は殿原衆である居初氏の出自を誇示するかの如く、石垣で固められている。

TOPICS②

囲船

光秀が指揮した元亀三年(1572)の湖北への湖上焼討ち、元亀四年の堅田城に対する湖上攻撃の際に活躍した戦闘艦が「囲船(かこいぶね)」である。その形状や能力について検証する。

信長は、湖上焼討ちに先立ち、沖島から早船を三艘調達し、光秀に預けている。また「囲船を拵え」という表現がある事から、囲船とは、戦闘のために既存の船を改造したものと解することができる。囲船のベースとなる船の要件としては、作戦上、上陸焼討ち、堅田城突破等、陸上での戦闘員も乗船させ、かつ、船上から鉄炮・大筒を放っている事から、安定性のある大型船である必要がある。この要件を満たす琵琶湖の船としては、昭和三十年代まで運搬船として活躍していた丸子船が当てはまる。丸子船は米を百石(二五〇俵＝約一万五〇〇〇《キロ》)積む、百石船を基本とし、船長は約十七《メートル》程である。十七《メートル》という長さは、容積はともあれ、ほぼ、光秀の時代に活躍したコロンブスのサンタマリア号に匹敵する長さである。構造の特徴は、船首部分の「ヘイタ造り」に見られる。通常の木造船は舷側から船首に至る部分を横板を曲げ、船釘で打ち付けて構成するが、ヘイタ造りは、複数の材を斜めに釘付けして構成する。構造的には弱いが、横板を船首部分で曲げるという手間が省ける事と、幅の狭い短い板で構成されるため、材料を節約できるという利点がある。海に比べれば波が比較的穏やかな琵琶湖の環境に特化させた構造と言える。

琵琶湖の船は堅田の港の頁で紹介したように、湖岸に直接着船したり、クリークや内湖のような浅い所にどんどん入って行く。その結果、浅く、狭い所に大型船がひしめくように係留される。必然的に船同士がぶつかる。この時、船の最も弱い舷側部分を守るためにつけられた構造材が「オモギ」と呼ばれる、丸太を半裁したような分厚い材である。従来オモギは船の安定のためや、浮力を稼ぐためとかいう説明がなされるが、間違っている。また、船首部分を「ツラ」

▲丸子船のヘイタとオモギ　斜めに縫い合わせたヘイタと舷側上部に付けられたバンパーのオモギ。

と呼ぶが、ここには太い船釘が多数打ち込まれている。これも、狭い所に無理やり船を突っ込むとき、船首を傷めないための構造である。丸子船は結構荒っぽい舞台で活躍する船だった。

丸子船の出現は、出土した船材から十二世紀には原形ができ上っており、光秀の時代にはほぼ完成し、以後形を変えずに(変える必要なく)、四百年ほど使い続けられてきた。光秀は丸子船に手を加え、囲船を拵えた。

湖北を湖上から攻める。急ぎ戦闘艦を造らねば。一から軍船を造る時間はない。湖水で最も大きく、数も揃う丸子船を集めて改造しよう。

敵の反撃を計算せねばならぬ。船の周りを厚板で囲い、要所に鉄炮狭間、矢狭間を開けよう。正面には大筒を据えよう。

風任せの帆走では作戦を思い通りに遂行できぬ。沖島の早船を参考に舷側に八丁ずつの櫂をつけて水主を動員して漕がせよう。

何より見た目が大切だ。指揮を執る私が乗るテラスを造り、私の軍旗を賑々しく立てよう。そして、湖のかなたから攻め込む私の登場を演出するため、太鼓と陣鐘を吊るし、雷鳴のごとく打ち鳴らさせよう。

新たな湖水の支配者の登場を湖水の連中に見せつけてやる。者ども、私の指揮に従い船を漕げ！

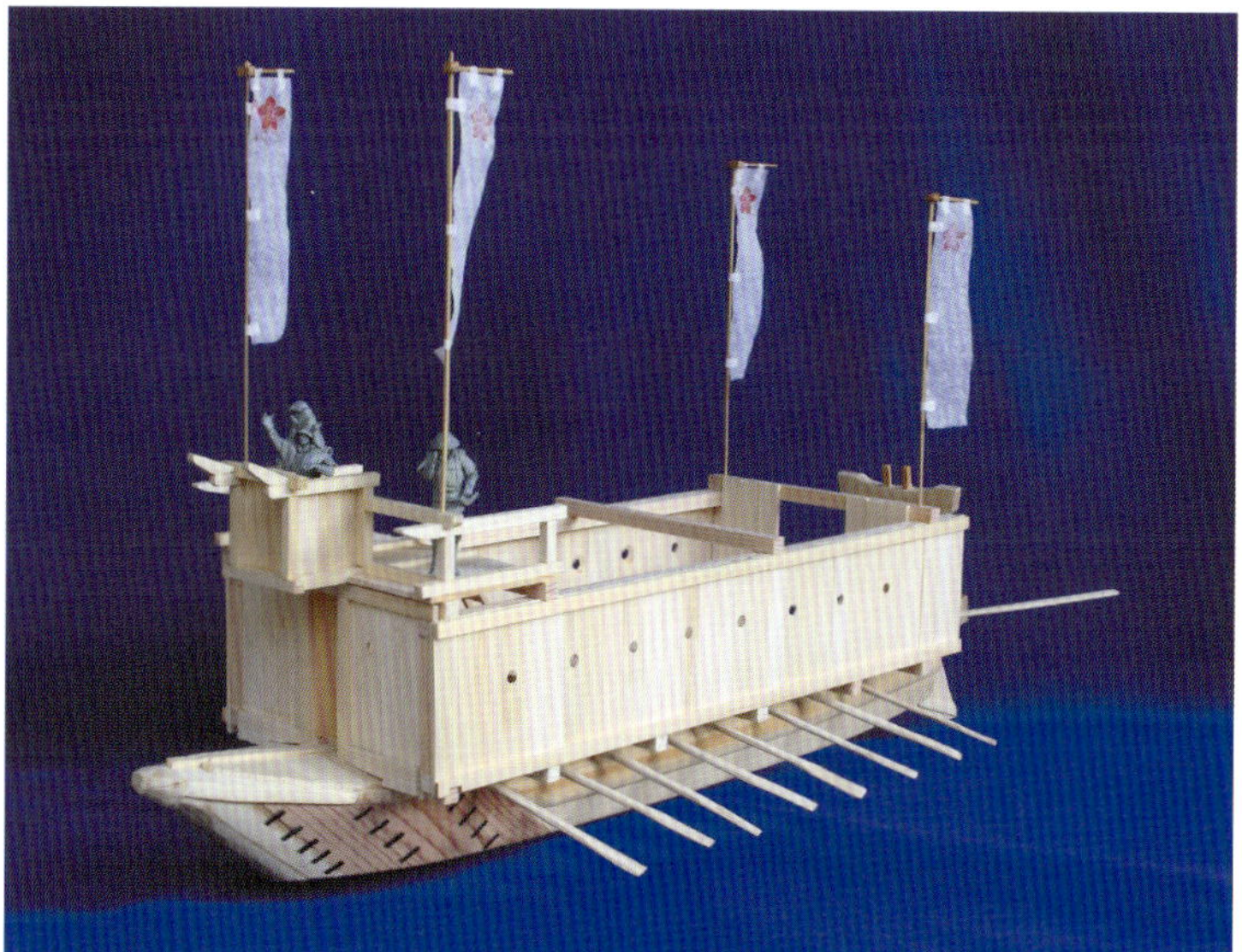

▲復元囲船(琵琶湖汽船所蔵) 戦闘船であるから迅速かつ自由に航行するため、多数の櫂又は櫓で推進する船に復元した。櫓の上で指揮を執るのはもちろん光秀。

3　高島攻め

堅田での激戦に先立つ、元亀三年（1572）三月七日、信長は湖北に侵攻し、山本山城下、木之本、余呉に焼討ちをかけると、九日に横山城に戻り、十日に安土の常楽寺に宿泊、そして翌十一日に志賀の和邇に現れ、陣を置く。この十一日の信長の行動を『信長公記』の記事を素直に読むと以下のようになる。「信長は和邇に陣を置くと明智光秀・中川重政・丹羽長秀に命じ木戸の城・田中の城を攻め、砦を造り、三人を砦に置くと、十二日に急ぎ上洛した」。いかにも信長らしい敏速な軍事行動である。この内、木戸の城とは、一般的には、旧志賀町木戸の木戸城。田中の城とは、高島市安曇川町にある田中城とされている。田中城に関しては、元亀元年（1570）の越前侵攻の際に、信長が一泊した城としても登場するから、安曇川町の田中城で間違いない。

和邇から田中の城までは片道十九キロほど離れている。時速四キロで移動したとして四時間四十五分、往復で九時間三十分かかる、二つの城を三時間ずつ攻めたとして、十五時間三十分かかり、その間に砦を造っている。

▲比良の山並　比良の山並みが琵琶湖に迫る。ここを越えなければ高島には行けない。「この山腹に高島を攻略する拠点をつくれ。」

しかも、信長は安土の常楽寺から和邇に向かっている。船を使って和邇に直行したとしても、二時間から三時間はかかるだろう。これらの行動を信長は一日で行った？　不可能である。

では、『信長公記』の記事をこのように読んだらどうなるだろう。「信長は滋賀の和邇に陣を置き、高島攻めを行うための指示を明智光秀らを招集して行った」。

光秀！　長政になびいている高島を攻める。そのために、高島七頭《しちがしら》の筆頭、越中氏の居城木戸城と田中氏の田中城を落とさねばならぬ。そのためには滋賀の抵抗勢力、高島南部の武家、特に林員清《はやしかずきよ》を調略する必要がある。
そのための足掛かりとなる砦を造れ。その場所は儂が指示する。

ここで問題となるのは木戸の城である。先にも触れたように、従来の解釈では「滋賀郡志賀の木戸にある城」とされている。しかし、木戸に城跡とされている遺跡はあるが、戦略的に信長の攻撃の対象となる規模の城は想定できない。対して、翌元亀四年に高島攻めが敢行された時の記事では「江州高島表……御参陣……木戸、田中両城押し詰め……」と記されているから、高島郡にある城でなければならない。また、木戸、田中の順番に記されていることから、木戸の城は田中の城よりも格が上の城となる。これらの要件を勘案すれば、木戸の城とは、高島南部を支配していた佐々木氏の流れを汲む、高島七頭《たかしましちがしら》の筆頭「越中氏」の居城である、高島市新旭町にある清水山城が最も相応しい。清水山城の名称は文化財名称であり、城の名前は伝わっていない。しかし、城内には「木戸」の地名が残されており、木戸の城を清水山城に当てはめることに問題はない。

信長は高島調略の橋頭堡としての砦の築城を命じた。それでは、その砦は残っているのだろうか。この時の砦として次のような要件を満たす必要がある。一、高島郡に攻め込む際の多数の兵員を駐屯させる空間がある事。二、滋賀、高島の地侍達の城にはない最新の築城技術が投入され、これを見せつける事。三、信長に服することを承諾するための服属儀礼の装置を備える事、等が考えられる。そして、これらの要件を満たす城として、旧志賀町の比良山中にある、歓喜寺城とダンダ坊遺跡を候補として挙げることができる。

歓喜寺城は、比良山中の天台系寺院である歓喜寺に近接し、尾根上に郭を並べるが、古式の石垣や巨大な堀切を連続させるなど、志賀の地侍の城とは思えないほどの技術と土木量が投入されている。また、ダンダ坊は、比良山中最大の山寺の遺跡であるが、その最奥部に石垣で構成された喰違虎口《くいちがいこぐち》を配した屋敷を造り、その内部には服属儀礼の舞台装置として使われた可能性のある庭園が造られている。

いよいよ信長様は、高島攻めにかかられる御所存。総攻撃を前に滋賀・高島を調略せよとお命じになった。急進的武闘派のイメージの強い信長様だが、常に周到な準備をしてから、機を見て一気に勝負をつけられる。まだお若いのに、見習うべきところが多い。

信長様は、比良三百坊の山寺を使って砦を造れと指示された。旨い戦略だ。麓の者どもが崇めている聖地に城を造り、その地に宿る神的パワーを城主に被せようとされる。相手をなびかせるためには、力も銭も大切だが、「格」が物を言う。信長様は、私に「比良の山の神の力を背景に地侍達を従えろ」と言われた。嬉しい、坂本城は神仏は宿らな

い普通の土地に造られた。比良の砦で私は初めて、神の権威を背景に戦うことを許された。

光秀らの調略は直ぐに成果を上げた。信長が「調略の拠点としての砦を造れ」と命じた二か月後、光秀は高島郡に焼討ちを仕掛ける。『細川家文書：明智光秀書状』には「五月十九日、高島の饗庭《あいば》三坊の城を焼討ちし、今日戻った。この戦いの様子を見た打下城《うちおろし》の林員清は、信長様の味方となる態度を明らかにした。この事を将軍に伝えてほしい」とある。

打下城は、高島平野の南端に位置する、古代から若狭と琵琶湖とを結ぶ港として栄えた「勝野津」を見下ろす山中に造られた城である。城主の林員清は、高島南部に勢力を持っていたが、浅井長政に付くか、信長に付くかの態度を中々明らかにしなかった。信長にとって、高島に侵攻するためには、員清は、何としても調略しなければならない相手であった。光秀は、硬軟取り混ぜて員清にゆさぶりをかけ、この調略を成功させる。

そして、翌元亀四年七月二十六日、将軍義昭を追放すると、信長は湖上から高島に攻め込み、木戸・田中の城を難なく落とす。そして、これまでの功に報いるため、この両城を光秀に与える。ここにおいて、光秀の支配域は高島郡にまで及ぶことになり、天正七年（1579）には、信長の甥であり、光秀の娘婿でもある織田信澄《のぶすみ》が、光秀の協力の元、大溝城を築城する。

打下城㉖▼高島勝野　JR湖西線近江高島駅下車徒歩90分で城　国道161打下より町内　日吉神社より徒歩70分

▲打下城　打下の集落から見た打下城。中央のなだらかなピークに上段の郭が位置する。眼下に勝野の港を見下ろす。

▲打下城の石垣　打下城は、麓から見上げるポイントだけに石垣が造られている。見せることを意識しているのだろう。

① 志賀の取手《とりで》―― 歓喜寺城

信長が光秀らに命じて造らせた砦のひとつが歓喜寺城と考えられる。旧志賀町大物《だいもつ》から山中に分け入ると、突然、巨大な石灯篭が琵琶湖を見つめて建っているのに出会う。灯篭の軸には「南無薬師如来」と刻まれている。ここには、琵琶湖の神である天台薬師が祀られている。道をさらに進むと、薬師如来を本尊とする歓喜寺の堂に至る。堂前を渓流が流れ岩魚が泳ぐ。歓喜寺は、比良三百坊を構成する寺院で、多くの山寺が退転した中で、未だにその法灯を継いでいる。

歓喜寺城の縄張りは、寺の南尾根上に四段の郭を連ねて構成される。各郭はそれぞれ一辺が、三十から四十メートルの方形で、随所に自然石を用いた石垣が見られる。石垣は、石の重なる面を横方向に真っすぐ通そうとする（横目地を通す）優れた技法が見られるものの、隅の部分は算木積になっておらず、まだ、石垣の技術が完成していない古式の石垣であり、元亀三年（1572）段階のものとして矛盾はない。各郭の間は幅二十〜三十メートル、深さは十メートルを超える、圧倒的な土木量が投入された巨大な堀切《ほりきり》により区画されている。石垣といい、この堀切といい、滋賀郡の地侍には不釣り合いな規模構造である。文献上の記録はないが、元亀三年に信長が光秀に命じて造らせた砦の一つと考えたい。

信長様は、歓喜寺を使って城にしろとお命じになった。さすがだ。比良に宿る神の力を城に取り込もうとされている。

高島を攻めるための兵を駐屯させる規模の城にせよと言われる。見る者を圧倒するような規模の城を作ってやる。近隣の住民や兵を動員して、尾根を刻み、斜面は石垣で飾ろう。幸い、ここにも石垣を積みやすい石材がふんだんにある。

宇佐山城・坂本城と、私も随分石垣積に慣れてきた。滋賀・高島の連中をびっくりさせるような、いや、恐怖を覚えるような城にしてやる。

歓喜寺城 27 ▼大津市大物山中　JR湖西線志賀駅下車　徒歩90分　国道161大物より比良山中へ途中下車　徒歩30分

▲堀切　歓喜寺城の郭と郭の間に刻まれた堀切。堀の深さを堀底の人物と比較してほしい。これを人間の力で刻んだ。

② 滋賀の取手――ダンダ坊

信長の命により、光秀等が比良山中に造ったもうひとつの砦として、ダンダ坊遺跡が考えられる。

ダンダ坊は、比良山への登山口であるイン谷口から谷に沿って展開する、比良山中最大規模の寺院跡である。寺の坊跡群の中を登り詰めると、突然眼前に、石垣の壁が現われる。この最奥の坊の入り口は、直角に曲げられた複雑な構造を持つ。城郭の喰違虎口そのものである。寺院の入り口にこのような構造は必要ない。しかし、ここが光秀が寺を改造した城の館の入り口、と考えれば納得できる。館の中に入ると、広大な空間が広がり、その背後の高まりに巨石が立てられている。庭園の景石である。よく観察すると、ほぼ完全な形で庭園が残されていることが解る。館に庭園を構えるのは、一定の領国を支配する領主クラスの武家である。

▲喰違虎口　館の入り口。石垣の一部が崩れているが、明らかに通路を直角に曲げている。決して寺の構造ではない。

武家の庭園は、単なる芸術鑑賞の対象ではない。支配する者とされる者との身分の違いを確認するための服属儀礼の舞台装置として造られた。

庭園とは凝縮された小さな自然である。ダンダ坊の周りには比良の大自然が広がる。ここにあえて人工の小自然を造る意味は、領国の中に宿り、領国を護る、自然の神を招くことにある。自然に宿る神を小さな自然に招き、しかも館の中に閉じ込める。神の意に沿わなければ館の主に神罰が降る。しかし、神罰は降らない。ここにおいて、館の主は領国を司る神の支持を得て、領国を統治することを神に承認された、と主張することが可能となる。

主が、庭園を背景に盃を差し出す。これは神が差し出す盃でもある。これを押し頂いた瞬間、招かれた者は、主に従うことを誓うことになる。

光秀！　ダンダ坊を接収し、ここに滋賀・高島を調略する拠点を造れ。

この城は、戦う事より従わせる儀礼の場としろ。そのために館に庭を造れ。庭の意味は解っているな。お前が坂本城に庭を造ることは許さんが、ダンダ坊に庭を造り、その前に座すことを許す。しかし、あくまでも儂の名代としての光秀だぞ。そして滋賀・高島の地侍、特に打下の林は確実に儂に靡《なび》かせろ。林を落とさねば高島攻めはおぼつかぬ。

信長様はダンダ坊を城に改造せよと言われた。歓喜寺城と同様、比良の山に坐す神の力を城主の力にすり替える戦略か。

そして、信長様は、ここに庭を構えろとお命じになった。私は急ぎ、都より石立（庭師）を招き、庭を造らせた。

館の入り口には、滋賀・高島の地侍達が見たこともないような喰違虎口を石垣で造った。館に招かれた連中は一様に畏れ、驚き、庭を背景に座した私が差し出す盃を押し頂いた。人を従えるということは何と心地よいことか。

しかし、打下の林はなかなか靡こうとしない。無理もない、湖水と若狭を結ぶ勝野津を押さえ、しかも難攻不落の打下城に籠っている。

説得だけではだめだ。

五月十九日。者ども！打下の林を牽制し、高島木戸城下饗庭三坊の城を攻撃する。油断するな、風の如く疾く、火の如く侵掠せよ！

高島が燃えるさまを林に見せつけろ。鬨《かちどき》の声を上げろ。信長様の力を林に見せつけてやれ！

その日、林は信長様に味方する旨を伝えて来た。私は林をダンダ坊に招き、対面した。林はひれ伏し、私の盃を受け取った。勝った！次は、他の高島の地侍達も調略し、木戸の城・田中の城を丸裸にしてやる。高島攻めが待ち遠しい。

ダンダ坊㉘▼大津市北比良 JR湖西線比良駅下車 徒歩90分 国道161より地方道322イン谷下車 徒歩15分

▲館内の庭園　多くの古庭園は後世の改造を受けているが、この庭園は、高島攻めの役目を終えると、直ぐに廃絶された。築庭当時の姿を留める奇跡的な庭園である。

③ 饗庭《あいば》三坊の城（日爪城）

元亀三年（1572）、光秀は高島郡にゆさぶりをかけるため、木戸の城（清水山城）を取り巻くようにあった饗庭三坊の城に対し焼討ちを仕掛ける。饗庭三坊とは、木津荘《こつのしょう》に割拠した西林坊・定林坊・宝光坊と称する僧達で、それぞれが城を構えていた。これらの城郭の中で、現在も明確に遺構が残されているのが西林坊との関係が深いとされる日爪城《ひづめじょう》である。

日爪城は、饗庭野丘陵端の小ピーク上に位置する。足下には畿内と日本海とを結ぶ北国海道が通る。城は、山上の山城部分と、この麓に展開する「ねごや」、「本堂ヶ谷」等の地名を残す寺院跡と考えられる部分からなる。

方形の平坦地が連続する山麓部分を過ぎると、山道となる。大手とされる土手状の道を上り詰めると眼前に土の壁が現われる。東郭の土塁である。東郭と主郭の間は尾根の両側を削った三十メートルにも及ぶ、近江の山城としては、最大級の土橋状の通路で結ばれる。足を滑らせたら谷底に転げ落ちてしまう。冷や汗を掻きながら、主郭に至る。主郭には絶景の眺望が待っている。今津、海津方面が一望の下に見渡せ、この城の意味をよく物語る。主郭の背後の尾根には、四条もの堀切が執拗に刻まれ、敵の侵入を阻止している。これらの防御性の高い縄張りは、対信長戦に備え、強化したものと考えられる。

▲日爪城の長大な土橋　前廓と主郭を結ぶ土橋状の構造。尾根の両側を削り落として造られ、長さは30mを超える。極めて有効な防御。

木戸の城の城下、饗庭三坊の城に焼討ちを仕掛けろ！日爪城には気をつけろ。我々との戦いに備えて、城を改造したと聞く。本番はまだ先だ。麓の寺に火を放ち、速やかに撤退だ。

打下の城下まで戻ったら盛大に鬨《かちどき》を上げろ。立て籠もる林の焦燥感をあおってやれ。林！信長様に靡け！

日爪城 29 ▼高島市新旭町饗庭 🚃 JR湖西線新旭駅下車　徒歩60分で城 🚗 地方道558米井

④ 大溝城

林員清に対する光秀らの調略は成功し、林は信長に降る。元亀四年（1573）の高島攻めに際して、信長は林の打下城に入り指揮を執っている。その後、打下城が高島支配の拠点となるが、天正七年（1579）、信長は甥の織田信澄に命じて、勝野津に大溝城の築城を命じる。目的は、高島郡支配を確実なものとすること、そして、若狭と琵琶湖とを結ぶ勝野津を掌握することにある。

大溝城の城主となった織田信澄は、信長の気質をよく継いだ武将で、若いながらも、織田家一門の中で頭角を現しつつあった。この信澄に光秀の娘が正室として嫁いでいる。光秀は、織田一門衆との血縁を結ぶことにも成功した。そして、大溝城の築城に際して光秀は、その縄張りを担当している。

▲大溝城と勝野津を遠望　勝野津は、内湖に沿った家並みの後ろの入り江にある。城と港は水路で結ばれている。

▲大溝城天主台　安土城と同時期であるが、技法が異なる。縄張りは光秀であるが、在地の工人の施工なのだろう。

信長様は、娘婿の信澄殿に勝野津に水城を造るようお命じになった。安土城の天主が完成したこの時、高島の要に、湖水の路を支配し、同時に信長様の権威を示す城を造る事を望まれた。

信長様は、私に、大溝城の縄張りを担当せよ、ともお命じになった。信澄殿は秀でた力をお持ちだがまだ若い。石造りの城の普請の経験はまだない。信長様は、水城としての坂本城を完成させた私の手腕を評価してくだされた。

おお、ここから安土城が良く見える。信長様は安土城を中心に、私の坂本城、秀吉殿の長浜城、そして信澄殿の大溝城、この四つの水城で湖水を支配されようとしておられる。私は、その構想の中にがっちりと食い込んでいる。

大溝城 30 ▼高島市勝野 🚃JR湖西線近江高島駅下車 徒歩5分 🚗国道161萩野浜口より近江高島駅方面

⑤ 木戸の城（清水山城）

光秀の歴史に登場する「木戸の城」を高島市新旭町にある「清水山城」であるとした。

鎌倉幕府創立に力を尽くした功績により、佐々木定綱が近江を与えられ、この後を継いだ信綱の子供達が、佐々木大原・佐々木六角・佐々木京極・佐々木高島に分かれ、近江を支配する体制が造られる。中世の高島郡は、この佐々木高島氏がさらに別れ、「高島七《しち》頭《がしら》」と呼ばれる七家に分立し、高島南部を中心に割拠した。先にも触れたように、清水山城は、この高島七頭の筆頭である「越中氏」の居城とされる。

清水山城は、饗庭野山中にあった「清水寺《せいすいじ》」という天台系の山寺の伽藍を骨格として造られたとされ、この事を物語るように城内には中世墓や、ここに安置してあった夥しい数の石仏などが残されている。

城は饗庭野丘陵の東端に面したピーク上に主郭が造られ、その周囲に二の丸、三の丸などの郭が連続し、その麓には屋敷地、犬の馬場のような、城に付随する施設が配されている。また、足下を北国海道が通り、街道沿いには城下町的な集落もあったとされている。

主郭は最高所を削平して造られるが、周辺に土塁などの防御が全くない。また、尾根上に配された郭群は尾根を深々と刻んだ堀切により区画されるだけの、比較的古い城郭の様相を示している。しかし、主郭の南斜面には四条もの竪堀が連続して刻まれる「畝《うね》状竪堀《じょうたてぼり》」と呼ばれる、戦国末期の先進的な構造が加えられている。さらに

▲二の丸堀切　本丸と二の丸の間に刻まれた堀切、三の丸との間の堀切は、巨大すぎて、カメラのアングルに入らない。

▲屋敷群の三重の堀　屋敷群も念入りに防御されている。画像は自然の川を含め、三重の堀で屋敷を囲っている様子。

主郭の北に展開する郭群にも、畝状竪堀が見られる。この新旧の入り混じった縄張は、信長の侵攻に備え、浅井・朝倉の技術も導入しながら防御性を高めた結果と見ることができる。

永禄十一年（1568）、信長が六角氏を駆逐して上洛を果たすと、長政は混乱に乗じて高島に侵攻し、その支配下に組み入れる。そして元亀元年（1570）信長の越前侵攻の途中で長政が裏切り、高島衆と共に信長の退路を断つ。九死に一生を得た信長が、高島の攻略を企てないはずがない。いつ信長が攻めてくるかわからない。その軍事的緊張の高まりが、清水山城に対する最新防御施設の導入による、改造に繋がったのだろう。

越前に攻め込んだ時、遠目に木戸の城を見た。安曇川と北国海道を見おろす絶好の場所に建っていると感心した。

饗庭三坊の焼討ちの際にはこの城下を駆け抜けた。幸い城兵達は城内に籠ったままで、追撃されることは無かったが、見上げる城の規模には圧倒された。これは一筋縄ではいかん、と思った。

林を調略し、高島七頭の地侍達の切り崩しも図った。並行して長政殿の小谷城もしつこく攻めた。このボディーブローが高島衆には、想像以上にこたえたようだ。

その結果、信長様が大船を駆って高島に姿を見せると、さしたる抵抗もなく木戸の城も田中の城も落ちた。

▲主郭前面の畝状竪堀　熊が、山肌を引っ掻いたように刻んだ竪堀群。敵の横移動を防ぎ、さらに堀底を上る敵に石等を落とす。

清水山城 31 ▼高島市新旭町熊野本 🚃ＪＲ湖西線新旭駅下車 徒歩20分で麓 🚗国道１６１新旭から地方道、森林スポーツ公園

▲主郭からの景観　竹生島が浮かび、奥に山本山城、その左手に長政の小谷城も見える。長政に監視される高島の状況を感じる。

⑥ 田中の城（田中城）

光秀に関する記録に登場する田中の城は、高島市安曇川町田中にある「田中城」とされている。近年発見された文書の中に、光秀と田中城との関係を窺わせる記載があり注目されている。熊本藩の次席家老である米田《こめだ》家に伝わる文書群の内、永禄九年（1566）の日付のある文書に「明智十兵衛高島田中城籠城の時云々」とある。もし、この明智十兵衛なる人物が光秀であるとすれば、光秀に関する最古の記録であり、しかも、信長と出会う前に、高島の田中城に籠城していたことになる。この籠城の目的として、永禄三年（1560）の野良田合戦で六角氏を破った浅井長政が、六角氏の影響下にあった高島郡に対し攻勢を仕掛けてきたことに対する籠城、とする考えがある。一方、足利将軍の奉公衆としての高島衆が、長政の侵攻に対して足利義輝に対して支援を求めたため、とする考えもある。前者を採れば、トピックス①（18頁）で紹介した「光秀は多賀に生まれ、六角氏に仕官していた」とする説を補強する。後者を採れば、光秀は浪人の末、一時足利義輝の足軽になった、とする説を補強する。現状では、文書自体の信憑性を含め、どちらとも決しがたい。しかし、元亀四年（1573）に光秀が高島を攻め、その功績により木戸の城と共に田中の城を与えられたことは事実である。

田中城は、清水山城がある饗庭野丘陵とは安曇川を挟んで向かい合う泰山寺《たいさんじ》野《の》丘陵の南斜面に造られた山城である。この城も清水山城と同様、松蓋寺《しょうがいじ》と呼ばれた天台系山寺の伽藍を骨格として築城されている。城主は

▲ **観音堂の建つ郭**　ここが城内で最も広い郭であるが、本丸は狭くとも、山頂に置かれる。武家が仏の格を乗っ取る。

▲ **尾根に刻まれた堀切**　本丸に至る尾根に刻まれた堀切。尾根の両側を削り切岸とする。単純ではあるが有効な防御。

高島七頭の一家である田中氏とされる。山麓に方形の区画を並べた屋敷地があり、山腹から山上にかけて郭が連続する。特に中段には高さが五メートルを超える近い壮大な土塁が築かれている。主郭は、松蓋寺の本堂跡と考えられる最大廓の上段に築かれ、その入り口には喰違虎口が配されている。土塁、虎口の構造は、先進的かつ、圧倒的な土木量が投入され、極度の軍事的緊張下の元で整備されたことを窺わせる。これも、信長の侵攻に備えた改造であろう。

勝手知ったる田中城と思っていたが、様相が以前とは全く違う。信長様の攻撃に備え、浅井・朝倉の技術を導入して大改造を加えたものと見える。

木戸の城・日爪城もそうだが、力攻めしなくて良かった。堅田合戦のような大きな被害を出すところだった。やはり、戦は調略だ。私の調略に屈し、高島の地侍達はさしたる抵抗もなく信長様に降った。

その功績を信長様は高く評価され、私に木戸の城・田中の城を与えてくだされた。これで私は高島も実質支配することになった。

信長様のミッションに応えれば応えるほど、私の力が大きくなる。そしてこの湖水の西半分が私のものとなった。これからも信長様にお仕えし、功績を上げれば、この湖水を私に与えてくださるやもしれぬ。これが私の望むところなのかもしれない。湖水と共に暮らしたい。

田中城 32 ▼高島市安曇川町田中 🚃JR湖西線安曇川駅下車 バス乗換上寺下車 徒歩の場合は安曇川駅より45分 🚗国道161青柳から地方道297

▲壮大な土塁　観音堂下の郭に造られた土塁。その高さは5mをゆうに超える。土塁の間に刻まれた堀切状の構造は、隣の郭からの虎口である。この壮大な土塁は、信長に攻められるかもしれないという、緊迫した状況を今に伝える。

信長の大船

元亀三年(1572)の、三方ヶ原の戦いで儂の軍は、武田信玄に敗北を喫した。いつ我が領国に信玄が侵攻して来てもおかしくない情勢だった。儂の危機を見て義昭も不穏な動きを見せ始めた。儂は焦った。

しかし、何と、翌年四月、信玄は病に倒れ死んだ。九死に一生を得たとはこの事。この機会を捕らえ、一気に攻勢に転じてやる。

そのために、儂の力を視覚的に見せつけるための構造物が欲しい。しかも、儂がかねてから支配を目論む湖水に。

儂は、宮大工の岡部又右衛門に命じた。「又右衛門！ 今すぐ、この世の誰も見たことがない巨大な船を造り、湖水に浮かべろ！」

又右衛門の返答が面白かった。「すぐにお造りしますが、浮かんでいるだけでよろしゅうございますな？」

儂はすぐさま応えた。「操船に難があっても構わん。湖水を儂が支配したことを天下に実感させる船を造れ！」

儂の意を受け、又右衛門は佐和山城の麓で総力を結集し、わずか四十五日程で、長さ五十四㍍、幅十三㍍、前後に櫓をあげ、百丁の櫓で動かす大船を作った。

無論、宮大工の又右衛門に船など作れるはずがない。奴は、同型同大の板と柱を大量に調達し、これを釘と梁、長押で固めた「水に浮かぶ箱」を造ったにすぎぬ。しかし、儂は満足だった。

この船を見た天下の驚きは、いかばかりか。宣教師に聞くところによれば、ヨーロッパにもこのような巨大な船はないという。世界最大の船が湖水に浮かんだ！

儂の気分は高揚した。大船ができたその時、将軍義昭が公然と儂に歯向かってきた。絶好の機会だ。儂は大船に乗り、光秀に任せている坂本城に乗りつけ、難なく義昭を倒し、室町幕府に終止符を打った。

そしてすぐさま、儂は、長政に味方する高島を討つため、陸上軍を侵攻させると同時に、大船に乗り、高島表に進軍した。これを見た高島衆はさしたる抵抗もなく我が元に降った。大船の放つ力に降ったのだ。

その後、大船を湖水と都の境目、天下の耳目の集まる坂本城に、儂の権威を見せつけるモニュメントとして係留させた。

天正三年(1575)、儂は、長篠設楽原の合戦で宿敵武田勝頼を破り、東国からの脅威を払拭した。これで岐阜を離れ、神として湖水に座し、天下を治める準備が整った。

信忠に岐阜城と家督を譲ると翌天正四年正月、儂は、かねてから目をつけていた安土山に儂の神殿の建立を始めた。そして、天正七年、安土城天主が完成し、儂はここに座した。

もう、大船は要らん。

安土城ができた時、大船の役割は終わった。いや、急ごしらえの張りぼてのモニュメントは、儂の権威を貶める事にも繋がりかねない。

儂は、堅田の船侍に命じて、大船を解体させ、その材で早船を十艘造らせ、光秀に預けた。

しかし、大船が居なくなると、今度は坂本城が急にみすぼらしく見えてきた……。

▲大船　宮大工岡部又右衛門が造った船は、水に浮かぶ箱状の船だった。恐らく湖水を自在に航行する事はできなかったであろう。しかしその大きさが最大の力だった。櫓に信長が立つ。

▲大船と囲船　大船に光秀が乗った囲い船が近づく。両船とも同じスケールで造ってある。小さく見える囲い船だが、コロンブスのサンタマリア号と、ほぼ同じ長さである。大船の巨大さを感じてほしい。

4章　激戦と安住

1　転戦する光秀

天正元年(1573)、信長は宿敵浅井長政を倒し、その余勢をかって、抵抗を続ける六角義賢を近江から完全に駆逐する。これにより、近江国内の戦乱に、ほぼ終止符が打たれる。

光秀は、堅田攻略、高島攻めと、近江及びその周辺での戦いを主導、あるいは、連動して戦っていたが、信長の戦端が拡大するのに呼応して、近江国外での戦いに参軍するようになる。信長の主だった軍団が越前や中国に張り付いていたため、比較的自由に動けるのが光秀の軍団だけ、という事情もあった。

天正三年(1575)、信長は京の背後にある丹波攻めを光秀に命じる。丹波は信長と比較的友好的な地域であったが、信長が義昭を追放したことをきっかけに、将軍寄りの武家達が公然と信長へ歯向かって来たためである。都を安定的に治めるためには、丹波の平定が不可欠である。以後、光秀は、丹波での死闘を繰り広げることになる。特に、天正四年一月、光秀は、黒井城攻めで、八上城にいた波多《はた》野《の》秀治《ひではる》の裏切りに遭い大敗を喫し、坂本城に逃げ帰った。これに対し、信長は光秀の敗北を責めることなく、丹波攻めを継続させる。状況を理解したうえ、敗北は止む無しと判断し、光秀の能力と可能性を高く評価した結果である。光秀は信長の期待に応え、天正七年(1579)黒井城を落とし丹波を平定する。五年に及ぶ長い戦いであった。この功績に対し翌天正八年、信長は光秀に丹波一国二十九万石を与える。これに滋賀郡五万石を加え光秀は、三十四万石の大名となった。

五年にも及ぶ丹波攻めの間、光秀は丹波攻略のみに従事していたわけではない。丹波攻めの間隙を縫うように、越前・加賀への侵攻、石山本願寺攻めへの参戦、紀伊雑賀衆との戦い、大和信貴山城への攻撃、信長を裏切った荒木村重との戦いへの援軍、さらに備中、因幡まで軍を進めている。そしてその間に、近江滋賀郡の運営、京都の運営等の政治的な職務をもこなしていった(119頁からの年表参照)。

さすがの光秀も激務に耐えかね、天正四年の石山本願寺との戦いの途中で体調を壊し、一時戦線を離脱するという事態に陥った。さらにこの時、光秀を献身的に看病した最愛の妻明智熙子《ひろこ》が、看病の疲れからか急死するという不幸にも見舞われた。

この超人的ともいえる光秀の戦いは、総て信長の命令によるものであり、光秀はこれに忠実に応え、大きな成果を上げていった。その結果、光秀は天正七年頃には、京・大和・大阪の一部を管掌する「近畿管領」的な役割を担うことになる。信長と光秀は、強い信頼関係で結ばれていたように思える。このような激務の中に身を置く光秀ではあったが、正月には坂本城に帰城し、連歌の会、茶会を催している。戦いの連続で気の休まる暇もない光秀にとって、さざなみ打ち寄せる坂本城は、心安らぐ唯一の場所だったのかもしれない。

そして、同時に、西教寺に対する帰依も深めてゆく。いつ果てるかもしれない戦場に身を置く光秀にとって、浄土への憧れも強かったことだろう。琵琶湖を見下ろす高台に建ち、妻熙子が眠る西教寺もまた、光秀にとってかけがえのない安寧の地だったのだろう。

▲麒麟阿形　西教寺の宗祖大師殿の唐門に刻まれた麒麟。中央向かって左が吽形、右が阿形で二頭の麒麟が向かい合っている。

▲麒麟吽形　麒麟は王が徳のある政治を行うと出現する霊獣。虫や植物を踏むのも嫌がるほど殺生を嫌う心優しい獣である。

体を休める間もなく、私は戦い続けた。目的などない。信長様に命じられるままに戦い続けた。

私の働きに、信長様は十分に応えてくだされた。近畿管領二百四十万石を実質切り盛りする立場にもなった。

坂本城から、そして妻が眠る西教寺から望む湖水の景色だけが、私の疲れを癒してくれる。ありがたい。この湖水を眺めながら余生を過ごしたい。

2　光秀の病

長政を倒し、近江をほぼ手中に納めた信長ではあったが、まだ四方を強敵に囲まれている状況だった。信長が岐阜を離れ、琵琶湖の畔に拠点を造るためには、これらの脅威を払拭する必要がある。中でも、琵琶湖に隣接する京都の安定は必要絶対条件であり、そのためには、その背後にある大阪を従える必要がある。

元亀元年（1570）以降、大阪は本願寺法主《ほっす》「顕如《けんにょ》」が主導する石山本願寺の勢力下にあった。この時から信長は、天正八年（1580）まで、石山本願寺との十年に及ぶ戦いを強いられることになる。

坂本城にあり、京都支配も任されていた光秀は、石山本願寺との戦いにも度々参陣している。中でも激戦だったのが、天正四年の天王寺砦を巡る戦いである。同年四月、信長の命により大阪に侵攻した光秀らに対し、本願寺は一万の軍勢で攻勢に転じ、光秀は天王寺砦に押し込まれてしまう。光秀からの救援を求められた信長であったが、中々、兵が集まらない。しびれを切らした信長は、わずか三千の兵で、天王寺砦を囲む本願寺軍を突破し、光秀と合流すると、すぐさま、砦から撃って出、一万五千にふくれ上がった攻城軍に襲いかかった。数で勝る本願寺軍であったが、予期せぬ反撃に浮足立ち、壊乱し、これを信長、光秀軍が攻め、辛くも勝利を収めることができた。

この天王寺砦を巡る戦いの疲労からか、光秀は病に倒れる。病は重篤で、光秀は戦線を離脱し養生せざるを得なくなる。

▲予感　近江を手中に収めた信長の矛先は、「天下」に向かう。その先兵として光秀は遠方に派遣される。

わずかの手勢で籠っていた天王寺砦を一万五千もの敵に囲まれた時は、もう駄目

だと思った。

信長様は三千の兵で援軍に来てくだされ、自ら先頭に立ち、敵を蹴散らし、砦の中に駆け込まれた。

有難かった。しかし、三千の軍勢で何ができる？　すると、信長様は、休む間もなく、砦から撃って出るとおおせられる。無謀なと思ったが従うしかない。私は死に物狂いで戦った。我々の気迫に押されたのか、本願寺軍は撤退し何とか勝利を収めた。

緊張から解き放され、疲れが一気に出、私は倒れてしまった。私は信長様の許しを得て大阪を離れ、京の屋敷まで何とか戻ることができた。

知らせを聞いて、坂本城から駆け付けた煕子が出迎えてくれた。煕子は吉田兼見に私の平癒の祈願を依頼するとともに、献身的に看病をしてくれた。

そんな中、信長様から見舞いの使者が来られた。異例の事だ。そこまで、

▲ **桔梗開花から落花**　さしもの光秀も連戦の疲労から、病に伏せる。咲き誇る桔梗もやがて萎れる。その前兆か。

私の事を信長様は心配しておられる。私は感動した。信長様に誠心誠意お仕えしようと誓った。

煕子は私を坂本に連れて帰ると言う。煕子は、都の喧騒が嫌いだ、と常々言っていた。反対に、天台薬師の池と呼ばれる湖水の風情をこよなく愛したばかりか、湖水には命を育む力があると信じているようだった。その湖水の力で私の病を癒そうとしたのだろう。

わたしとて、異存はない。早く湖水の元に帰りたい。何とか馬に乗れるまで恢復したが、志賀越（山中越）の道は険しい。緩やかな逢坂越えで坂本に向かった。坂を降り湖水が見えた時、私の体の中に、生きる力が浸みこんでくるのを感じた。これが湖水の力か。有難い。

煕子の看病と、湖水の力により、私の病は薄皮をはがすように癒えて行った。

3 明智熙子*

私は美濃の生まれ。山国で育った私が湖水を初めて見たのは永禄十一年(1568)頃だったろうか。義昭様に従い、京に赴任した夫、光秀に呼び寄せられ、京に向かう途中だった。海原のように広がり、陽の光を受け、きらきらと輝く湖水にしばし見とれていた。傍らで、まだ幼い玉子(後の細川ガラシャ)も驚いたように湖水を眺めていた。

京の暮らしはつまらなかった。喧騒と雑踏に、心休まるときが無かった。私は夫を盛り立てたかった。夫の出世が私の悦びでもあった。だからこそ、黒髪を切り、これを売って夫を支えたこともあった。その結果が、京での暮らしだと思うと切なかった。私の暮らすところはここではない。

元亀二年(1571)、夫は信長様の命により比叡山を焼討ちした。何と恐ろしいことをされる人だ、と驚いたが、これも戦国の世の習いと割り切り、殺された者達の冥福を祈り、秘かに手を合わせた。そんな時、夫は興奮しながら戻って来た。「熙子、喜べ、信長様から滋賀郡を賜り、坂本に城を造るよう命じられた。私は信長様の家臣の中で一番先に城持ちになれる。京を離れ、近江に居を移す。その準備をしてくれ」私も嬉しかった。これまで夫に尽くしてきたかいがあった。

坂本城での暮らしは充実していた。夫の指示の元、坂本の町も港も、どんどん新しくなっていった。信長様も湖水を使って上洛される時は、坂本城に船を着けられ、天主に登り、満足げに湖水を眺めておられた。

私はここでの暮らしが気に入った。眼前に湖水が広がり、遠くには長命寺山が、さらに奥には伊吹山が神々しく聳えている。まさに浄土の世界がここにある。比叡の薬師如来は焼討ちにより姿を消したが、湖水は変わらず「天台薬師のうみ」なのだ、と本心から思っていた。

▲芭蕉の句碑　熙子が黒髪を切って売り、光秀を支えた話に感動して読んだ句が、刻まれる。

*明智熙子：享禄3年(1530)?〜天正4年(1576)

夫は、信長様の命により近畿各地を転戦していた。戦の合間に坂本城に戻ると、夫は小座敷から湖水を眺めるのが常だった。私も一緒に湖水を眺めていた。

　天正四年（1576）、連戦の疲れが出たのか、夫が大阪で倒れた。やっと京まで戻った夫を私は必死に看病した。やや恢復したのを見計らい、私は、皆がとめるのを振り切り、夫を坂本に連れ戻した。湖水を渡る風を受け、夫の病状は驚くほどの早さで恢復した。湖水には命を育む力があるのだと実感した。しかし、看病の疲れが出たのか、今度は私が倒れてしまった。

　「もっと生きていたい」と思ったが、この先、夫と共に湖水の畔に居続けられる保証は無かった。信長様も湖水に魅せられておられる。信長様のことだから、湖水を独占したいと思われるだろう。現に、今年の正月から安土の山に、坂本城よりも数倍大きく、華麗な城を建て始められた。信長様は、湖水の王になられようとしている。その時、夫は、新たな命令により、湖水を離れる事になるのだろう。何となく憂鬱になって来た。湖水の畔で暮らす今が幸せだ。ここで、もう少し眠ることにしよう。

夫には、私の気持ちが通じていた。

夫は、湖水を望む山の端に建つ西教寺に私を葬ってくれた。嬉しい。ここで毎日湖水を眺めていられる。夫に話しかけた。「早くここにきて、一緒に湖水を眺めて暮らしましょう」。

月さびよ、明智が妻の、咄《はなし》せむ
芭蕉

▲明智熙子の墓　明智一族の墓や、阿弥陀如来二十五菩薩群像が並ぶ基壇の南西隅に、琵琶湖を見つめながら静かに佇んでいる。

4 西教寺

西教寺は、比叡山が琵琶湖に向かって降る、その山裾の高台に建つ寺院である。その開基は古く、聖徳太子建立の大窪寺に始まるとされる。後に延暦寺の元三大師良源が中興し、現在の基礎を造るが、西教寺が本格的に歴史に登場するのは文明十八年（１４８６）、真盛《しんせい》が入寺して以降である。

真盛は延暦寺黒谷青龍寺で「往生要集」を深く学び、ひたすら念仏を唱え、往生を願う「称名念仏」を説いた。同じ念仏を唱える浄土宗や浄土真宗と決定的に違うのは、「戒律」を念仏と同等に重視したところにあり、ストイックな純粋念仏の宗派と言える。真盛は、「この聖、天性無欲の者なり」と称され、真盛自身も「無欲清浄な心で念仏を唱えなさい。欲心を持つと万事ろくなことにならぬ」と遺言している。

▲宗紋　雀をモチーフとした紋章の一つで三羽雀と呼ばれる。天台真盛宗の宗紋として用いられている。

真盛の影響を受けた西教寺は天台宗でありながら、浄土教の教えを前面に出した新たな宗教活動を始め、後に「天台真盛宗」として独立することになる。

元亀二年（１５７１）、比叡山の焼討ちに際して西教寺も焼落ちる。しかし、光秀が坂本城を築城すると、その保護を受け、直ぐにその再興に着手し、三年後、甲賀の浄福寺の阿弥陀仏を貰い受け、これを本尊とする仮本堂が建立される。延暦寺の復興が信長の死後であることを考えれば、同じ天台宗寺院への措置として、異常な速さの復興である。

▲西教寺本堂　現在の本堂は、焼討ち後に建立された仮本堂を江戸時代中頃に再建したものである。

寺院はその立ち位置により、二つのタイプに分類される。一つは天台宗や真言宗のように、権門盛家を始めとする様々な者達の願いを受け、この願いを加持祈祷により神の元に届け、これを叶える「祈願寺」であり、一つは、人の生き死にに関わる儀礼を行う「滅罪寺」である。比叡山焼討ちの項で見たように、祈願寺の代表格である延暦寺は、加持祈祷の代償として膨大な荘園を得、この経営により、世俗的な力を蓄え、この事が信長との衝突を生み、攻撃され壊滅した。

しかし、同じ天台宗でありながら、無欲の寺、西教寺には荘園を経営する必然が無く、従って信長との軋轢を生む要素がない。言うならば焼く必要は無かったが、はずみで焼かれてしまった。

さらに、念仏による浄土への往生を説く西教寺は、滅罪寺的な性格を強く持つことから、来世に縋る民衆・武家の帰依を受けることになる。光秀にとって、天台宗が圧倒的な影響力を持つ坂本にあって、滅罪寺的性格を持つ西教寺は、貴重な存在であった。

▲斜面に並ぶ墓地　西教寺の山肌には大小様々、時代も様々な墓石が林立している。皆、琵琶湖を見つめている。

▲破壊を免れた石塔　境内にある総高190㎝を超える五輪塔。39頁で紹介した供養塔も元は、このような姿だった。

光秀にとって、心の拠り所として西教寺を選び、これを復興させることは必然であり、信長も利害の対立を生む恐れのない西教寺の復興を黙認した。

私は信長様程ドライではないし、まして私自身が神になろうなどとは思っていない。人並みに浄土に生まれ変わることを願っている。しかし、坂本には来世を託すべき寺がない。

坂本のはずれに西教寺という不思議な寺があると聞いて、妻を伴い行ってみた。

私の焼討ちに遭い焼け落ちた境内の小屋の中から鉦の音が聞こえる。百万遍の不断念仏とのこと、焼討ちの混乱の中でも念仏は、唱え続けられていたらしい。同じ天台宗でも、延暦寺とはどこか違う寺だ。西教寺は領地も持たぬという。そうであれば、信長様と対立することはあるまい。

何よりも、湖水が一望される、そのロケーションが気に入った。墓はみな湖水を向いて建立されている。真盛上人の廟も湖水を向いておられる。ここを安住の地と定めよう。熙子もこの寺が気に入ったようだ。

私は、西教寺を氏寺に定めその復興に助力することにした。あわせて元亀四年(1573)の堅田合戦で死んだ十八名の部下の供養を、それぞれに一斗八升の米を供えて西教寺に依頼した。

西教寺には、坂本城にあったとされる陣鐘が残されている。また、総門は坂本城の城門を移築したものとされている。そして、本堂近くの一等地に琵琶湖を見おろす様に明智光秀とその一族、そして最愛の妻である明智熙子の墓が建立され、琵琶湖を見つめている。

西教寺 33 ▼大津市坂本五丁目 京阪電鉄坂本比叡山口駅下車 徒歩30分 国道161比叡辻2東より地方道

▲本坊庭園石組み 豪快に組まれた庭園の石組みで、は桃山期まで遡る。

▲西教寺総門 坂本城の城門を移したとされる高麗門。騎馬、槍隊が出陣できるよう、入り口が高く造られているという。

5 聖衆来迎寺

比叡辻にある聖衆来迎寺は、最澄の開基による天台宗の寺院で、国宝の六道絵を始めとする多くの寺宝を伝えることで有名だが、明智光秀との関係も深い。寺の表門は、坂本城の城門を薬医門に改造したものとされていたが、解体修理工事により、ほぼこのことが確かめられている。また、天正五年(1577)九月付けの光秀からの仏供料の寄進状も伝えられ、光秀がこの寺を保護していたことが窺われる。また、境内には志賀陣において戦死した森可也《もりよしなり》の供養塔が建つ。光秀が近江で躍進するきっかけとなった宇佐山城の初代の城主である。可也の墓があるため、聖衆来迎寺だけが焼討ちを免れたとも伝えられる。

▲聖衆来迎寺表門　小規模ではあるが、坂本城の城門を移築したものとされて、光秀と聖衆来迎寺の関係の深さを窺わせる。

聖衆来迎寺 34▼大津市比叡辻 🚃ＪＲ湖西線比叡山坂本駅下車 徒歩15分 🚗国道161比叡辻

6 盛安寺

坂本城の西、穴太にある寺院が盛安寺で、西教寺と同じく天台真盛宗の寺院である。ここには、志賀山中にあった崇福寺に縁あるとされる、平安時代の十一面観音像が伝えられる。そして、穴太衆積と呼ばれる石垣を基礎とする太鼓楼には、坂本城にあったとされる巨大な陣太鼓が吊るされ、坂本城との関係を物語っている。

盛安寺 35▼大津市坂本一丁目 🚃京阪電鉄石坂線穴太駅下車 徒歩7分 🚗県道47穴太

▲盛安寺桔梗　盛安寺も西教寺と同じ天台真盛宗であり、光秀の保護を受けた。本堂には誇らしげに桔梗文の幕が懸かる。

TOPICS④

百万遍不断念仏　光秀も聞いた鉦の音が続く

西教寺の境内に入ると、時々「カン」という乾いた鉦の音が聞こえる。これは、本堂の中で勤行される「百万遍不断念仏」を修する鉦の音である。

真盛上人は西教寺に入ると「百万遍不断念仏」の願をたて、勤行を始める。百万日間絶えることなく念仏を上げ続ける行である。毎日、僧が交替で念仏を上げる。「南無阿弥陀仏」を十回唱えると鉦を叩く。この不断念仏が途絶える危機が何回かあった。

明応二年（1493）、徳政を求める坂本の馬借が一揆をおこすと、これを鎮圧するため、幕府の命を受けた延暦寺の僧兵が出動し、戦いが勃発。激戦の末、日吉大社が焼け落ち、多くの馬借・僧兵が命を落とし、その死骸が坂本中に散乱した。これを見た真盛は心を痛め、遺体を西教寺に運び、回向し荼毘に付した。これを見た延暦寺は、山王の社が壊滅したのは、真盛が不浄の者を境内に入れたため、と難癖をつけ、真盛を殺害しようと西教寺に押し寄せた。真盛は止む無く西教寺を離れ、ここで不断念仏が途切れるかに見えた。堂に乱入しようとする僧兵の耳に鉦の音が聞こえる。まだ真盛は堂内にいる、と意気込み押し入ると、一匹手白の猿が鉦を叩いていた。猿までを教化する真盛の徳に感動した僧兵達は何もせず西教寺を立ち去った。

比叡山の焼討ちも不断念仏の途絶える危機であったが、これも乗り越え、現在、十九万日目を目指し念仏があげられている。因みに百万日とは2739年に相当し、満行は西暦4226年である。光秀は琵琶湖を見つめながら、今日もその鉦を聞いている。

▲**手白猿**　本尊前に安置されている手白真猿（てじろのまさる）像。まさるは「魔去」としても信仰されている。

▲**石碑**　十万日の念仏勤行毎に、記念の石碑が建立される。一番新しい石碑は十八万日。さすがに西暦が併記されている。

TOPICS⑤

明智玉子（細川ガラシャ）〈永禄六年（1563）〜慶長五年（1600）〉

玉子は明智光秀と熙子との間に三女として生まれ、凡そ九歳から十五歳までの少女期を琵琶湖の畔で過ごした。天正六年（1578）、信長の仲介により細川藤孝の長男である忠興と結婚し、琵琶湖の畔を離れ丹波で暮らし、長女と長男を出生する。

そして天正十年、本能寺の変が勃発すると、謀叛人光秀の娘ということで丹後に幽閉されるが、秀吉が政権を握ると大阪屋敷に移ることを許されたものの、幽閉状態は変わらなかった。そして、この間に秘かにキリスト教の洗礼を受ける。

関ケ原の合戦に際し、石田三成は諸大名の家族を人質として捉える作戦に出、玉子を拉致すべく屋敷を大軍が取り囲んだ。この時玉子は三成に抵抗し、自ら命を絶った。

何故、玉子がキリスト教へ改宗したのか？ その理由は判らない。しかし、多感な少女時代に、坂本で日々見つめた琵琶湖が影響したように思える。琵琶湖には、天台薬師の浄土、弁才天女の浄土があると信じられ、その事を実感させる美しい世界が広がる。洗礼を受けたからと言って、玉子の精神構造まで西洋化したはずはない。あくまでも玉子の心には、森羅万象万物に神が宿るという、日本人の感性が息づいていたはずである。

玉子にとって神への祈りとは、キリストの姿を借りた「琵琶湖」への祈りだったように思える。

そして、父母と共に琵琶湖を見つめて眠ることを望み、玉子は旅立ったのかもしれない。

▲琵琶湖に走る光の帯　湖面に太陽の帯が走る。素直に神の存在を感じる瞬間。その神とは、それぞれが思う、それぞれの神なのだろう。

5章　本能寺の変へ

1　光秀の絶頂

光秀は、信長の命に応え近畿各地を転戦し、天正七年（1579）に丹波、丹後を平定し、翌天正八年に信長より丹波一国二十九万石を拝領する。これで滋賀郡五万石を加え、三十四万石の大名となった。さらに、天正七年頃からは、概ね近江西部・京・南山城・大和・丹波・丹後にかけての地域、約二百四十万石を影響下に置く、近畿管領的な要職を信長から宛がわれるまでに至った。信長に仕えて十一年余りの間に、光秀はここまで上り詰めた。

信長は、光秀の力を高く評価していた。十年に及ぶ石山本願寺との戦いに勝利すると、信長は、本願寺攻めの総指揮を執らせていた佐久間信盛・信栄《のぶひで》親子を突然追放する。十年も本願寺攻めに時間を要したのは、佐久間親子が怠慢だったからだ、という理由である。もっと早くに追放しても良かったのだろうが、戦いの最中に混乱を引き起こすことのリスクを考え、信長はじっと我慢していたようである。折檻状の中で信長は、佐久間親子が「危機に陥ったら儂が助けてくれると安心して、軍事行動を起こさないばかりか、調略も行わなかった。実に怠慢だ、許せん！」とした後、佐久間の働きと対比させるように「我が軍団の中で、丹波での光秀の戦いは実に素晴らしい。あの困難な戦いをよくぞ遂行し、天下に儂の力をいかんなく示した働きぶりだ。次に、羽柴秀吉の数ヶ国をまたいでの働きも称賛に値する」とし、光秀の丹波における軍功を織田軍団の中の最高の働きとして評価している。間違いなく、光秀は織田軍団のトップまで上り詰めた。

そして、天正九年（1581）正月、戦闘に明け暮れていた信長であったが、石山本願寺との戦いに勝利し、光秀の活躍により丹波も平定された事により、次なるステップに向かっての戦略を始動させる。天皇に攻勢をかけ、神として天皇に勝つための戦略である。

まず正月十五日、安土において軍事演習に近い爆竹の行事を行い、この責任者に光秀が任命される。そして、爆竹を元にした大軍事パレードを京都で、しかも天皇を招いて、その前で開催することとし、この総指揮も光秀に委ねられた。「京都馬揃《うまぞろえ》」である。この時のパレードには、羽柴秀吉以外の信長軍団の主だった武家が勢揃いし、天皇が臨席する特設の馬場を駆け抜けた。光秀自身も三番目に大和・上山城《かみやましろ》の軍勢を率い、近畿管領の立場を強調しながら参加している。パレードの最後に登場したのは、無論信長である。天竺・唐よりもたらされた「きんしゃ」という、王のみが纏い使うことの許される布で造った衣装に身を包み、颯爽と天皇の前を駆け抜けた。

信長様は、馬揃の総指揮を私に任せてくだされた。目的は解っている。天皇に対する示威行為だ。神として天皇と戦う前に、世俗の圧倒的な力をも、天皇に見せつけようとなさっておられる。今回の馬揃えは、華やかなイベントを装いながらも、天皇を恐怖させる刃《やいば》の力も籠めなければ。

天皇も信長様の意図は十分に理解しておられる。喜んでいる顔をされているが、目が笑っていない。天皇は信長様に従うつもりなど毛頭ない感じだ。

▲光秀の絶頂　天正９年頃の光秀は、信長の信頼を一身に受け、織田軍団の頂点に達した。空に昇る光のイメージ。

それにしても、秀吉殿以外の織田軍団が、私の指揮のままに行進してゆく。信忠様も信長様でさえ、私の演出の中で動いておられる。気分が高揚する。いや、そのような大それたことを考えてはならぬ。

瓦礫のような、石ころにも等しい落ちぶれ浪人の私を信長様は取り立ててくだされ、わずか十年ほどの間に、数万の軍勢まで預けてくだされた（天正九年六月『明智家軍法』）。この御恩は一生忘れてはいけない。信長様に忠節を尽くす事こそ、私、そして私の軍団の務めだ。

本能寺の変のちょうど一年前、光秀はこのように呟いていた。ここには、信長を裏切る気配など微塵も感じ取れない。

2 信長と天皇

信長は聖・俗の両面で日本を支配しようとした。聖の世界の支配者として天皇が隠然たる力を発揮し、その承認の元、俗の世界を支配する者達が覇権を争い、抗争を繰り返してきたのが日本の歴史の大枠である。真に日本の支配者となるためには、天皇が俗の権威を身に付けるか、俗が天皇を従えるしかない。

信長は後者を選んだ。そのためには、天皇を凌駕する聖的権威を身に着ける必要がある。これを目指し、信長は比叡山を焼き、天皇すらも従う天台の権威の上に立った。さらに、天台宗の教えの根本に流れる、琵琶湖に象徴される自然の権威をも身に着けるため、琵琶湖の畔の安土山に神殿としての安土城を築城し、ここに弁才天の勧請に象徴される、様々な聖的権威付けを加えていった。

天正九年（１５８１）の京都馬揃の最後に登場した信長は天皇を前に帝王の衣装のために織られた布で造られた衣装を纏い、派手な化粧を施し、人間から離脱した神の登場を演出した。この様を『信長公記』では、「華やかな信長様のいでたちは、さながら住吉明神の影向《ようごう》も、この様な姿ではないかと、皆、信長を神々しく見つめた」と感想を述べている。住吉明神は水を介した航海の神であり、その主神である「底筒男命《そこづつおのみこと》」の本地仏は、琵琶湖の神である薬師如来である。信長が琵琶湖の神を目指していることは、暗黙の了解事項だったのかもしれない。

儂は、天皇を亡きものにしようとは思っていない。天皇が儂に従えばそれでよい。天正六年（１５７８）、儂は右大臣と右近衛大将の官職を辞し、それ以降、天皇の埒《らち》外に身を置いている。天正十年、武田を倒すと天皇も焦ったのか、儂に「太政大臣か関白か征夷大将軍の内、お好きな官職にお就きになりませんか？」と言ってきた。

片腹痛い。天皇を圧倒する神になりつつある儂に、天皇の役人になれとは。儂は、天皇の使者を湖水に連れ出し、儂の意図を悟らせようとした。「儂はこの湖水の神なのだ。あなたこそ私に従っては如何か？」

儂は、さらに天皇に攻勢をかけた。天皇が定めた「京暦」をやめ、儂が推奨する「尾張暦」を使うことを求めた。神は、土地、民だけでなく、時間をも支配する。天皇を儂の時間の世界に組み入れようとしたが、さすがに素直に「うん」とは言わぬ。まあ、焦ることはない。徐々に天皇を追い詰めつつある。察しの良い家臣どもは、儂の意図を理解しているようだ。特に光秀。

3 光秀と天皇

光秀は、信長に仕え始めた頃、義昭の幕臣として、京都の運営に当たっていた。このためか、吉田兼見を始めとする公家衆らとの繋がりも深く、『兼見卿記』を始めとする公家の日記に度々、光秀が登場する。この様な朝廷に対する人脈も、信長に重宝される一因だったと考えられる。従って、天皇との関係も、信長のそれとはおのずから異なっていた。天皇と光秀との関係をうかがわせる記事がある。『御湯殿上日記』という天皇に仕える女官の日記の、天正七年(1579)七月二十四日条に「正親町天皇が、光秀に馬・鎧・香袋を下賜した」という記事が見える。この背景は、丹波国の山国荘という禁裏領が、丹波の地侍である宇津氏により横領されていた。これが、光秀が宇津城を攻略したことにより回復された。この事に対する天皇の恩賞である。

ただ、この恩賞は、信長を介して光秀に与えられたものではなく、天皇から直接光秀に与えられた。通常であれば、「出過ぎた行為」として、信長の叱責を受ける処であるが、そのような形跡はない。信長は、光秀がもたらす天皇に関する情報に価値を認めて、黙認したのであろう。この事は、天皇と光秀との関係は比較的良好であったことを示している。

信長様は、神となり、神である天皇と戦おうとしている。真の日本の支配者となるためには、天皇の存在は邪魔だと考えておられるのだろう。

私にとっては、どうでも良いことだ。私は、信長様にお仕えし、私の力を認めていただき、そして恩賞を頂くことで満足している。信長様が神になられるならば神としての信長様に、人として君臨されるならば人としての信長様に使えるだけの事。今、湖水に臨む坂本のみならず、丹波までいただいた。満足している。

信長様は、武力で天皇を倒そうとは思っておられないようだ。そうでなければ私も天皇に刃《やいば》を向けることになる。天皇を利用することには抵抗はないが、天皇とは戦いたくはない。天皇ご自身は、私の働きを評価されているようだ。先日は山国荘の回復への恩賞を直接賜った。有難いことだが、迷惑でもあった。丹波の成果は信長様の名代としての私の成果。恩賞は信長様を介して頂きたかった。信長様からこの件に関して、特段の沙汰は無かった。信長様は天皇が私に近づくことを黙認されている。天皇との戦いが具体化した時、天皇に穏便に退場していただくための役回りを私に期待されているのか？

4　後期坂本城——信長の港

元亀四年（1573）、信長は光秀らの活躍により、念願の堅田を手に入れる。これにより、信長の船は自由に堅田海峡を通り、坂本との間を行き来することが可能となった。この事を裏付けるように、この年以降、船を使った信長の上洛の記事が増える。

同年、大船が佐和山から坂本に向かった。天正三年、信長は坂本から光秀の船で佐和山城に向かおうとした。同年、信長は佐和山城で休息の後、早船で坂本城に向かった。安土城の築城が始まると、天正六年、信長は坂本から安土城に船を使い移動した。天正七年、信長は小姓達を引き連れ、坂本に至ると、ここから船で安土城に帰った。といった記事である。坂本城は信長の港として機能していた。

安土城が竣工するまで、坂本城は大船と共に、琵琶湖と京の接点に建つ、信長の権威を視覚的に示す構造物であった。しかし天正七年（1579）、安土城の天主が竣工すると、状況は変わって来る。それまで、比較する城が無かったため、琵琶湖の畔に威容を誇っていた坂本城であるが、高さ五十メートル近い巨大構造物が安土山に出現すると、信長にとって、坂本城がみすぼらしく見えて来たのではないだろうか。

安土城ができた今、坂本城が何とも物足りない城に見えてきた。安土城から坂本城は、かろうじて見える程度か。これではいかん。安土城を我が本殿とすれば、坂本城は都に渡御する時の御旅所のような存在だ。安土城からも良く見えるよう、光秀に命じ、もっと壮麗な城に改造させよう。

天正八年三月の『兼見卿記』に唐突に坂本城の普請の記事が見える。普請とは石垣工事などの土木工事である。安土城の天主が竣工した直ぐ後から、坂本城の大改造工事が始まった。そして天正十年正月の『兼見卿記』の記事には、「光秀は、坂本城の小天主で茶会を開いた。非常に機嫌が良かった」と記されている。この記事を信頼するならば、この時点で坂本城には大天主と小天主があったことになる。天正八年に見える普請は、大天主建立のための工事だった可能性が高い。

信長様が突然、坂本城の改造をお命じになった。

今ある天主の傍に、この数倍規模の壮麗な天主を建てろ、と言われる。今の天主でも十分だと思っていたが、安土城が完成した今、安土城の天主に座す信長様にとって、今の坂本城の天主では物足りぬらしい。

本願寺との戦い、丹波での戦いに決

着し、私にも少し余裕が出てきた。さっそく私は工事にかかった。手本は無論安土城。そして、天正九年には大天主が竣工し、信長様のお目にかけた。

光秀！　よく仕上げた。安土城から新たな坂本城ができ上るのを楽しみに日々眺めていた。

新たな天主は儂が上洛する時に使う。古い天主はもう要らん。かといって、取り壊すのも難儀な事じゃ。そうだ、光秀！　お前に古い天主をやろう。お前が天主に座すことを許す。ただし、判っておろうな、小天主だけだぞ。

信長様は、私に天主に座すことをお許しになった。これまで、天主の下に小座敷を建て、

▲信長の港　日吉大社八王子山から俯瞰した坂本の琵琶湖。この水面を信長の船が往来した。

ここで私は湖水を見つめて暮らしていたが、私もやっと、天主に登れる！　嬉しい！　光栄だ！　信長様は私を近江支配の片腕とお認めになられた。一段高い所から見下ろす湖水の景色は格別に美しい。

天正十年正月、私は親しい者どもを招き、小天主の主となった事の、お披露目の茶会を行った。床には信長様直筆の書を掛け、信長様ら拝領の茶器を使った。信長様への感謝と崇敬の念を参会者に示したかった。

私も年老いた。このまま坂本城で余世を送りたい。

5　琵琶湖に向かう信長

天正元年（1573）、浅井長政を倒し、ほぼ近江を手中に納めた信長であったが、信長を巡る状況は決して予断を許すものではなかった。大阪石山本願寺とは死闘を繰り広げている最中であるし、中国の毛利は、本願寺の後方支援を続けている。甲斐の武田も十分に勢力を残している。越後の上杉も反信長の色を鮮明にしている。領国に接する長島には一向宗が盾籠もり、信長に抵抗を続けている。

このような状況の元、琵琶湖の実質的な支配を委ねることができるのは、光秀以外にいなかった。しかし、信長には光秀に近江支配を続けさせる気持は無かった。天正二年には小谷城にあった羽柴秀吉を湖北の寒村だった今浜に降ろし、ここに、北琵琶湖を支配する拠点としての水城の築城を命じる。秀吉は信長の意向を忖度し、今浜を信長の「長」をとって、長浜に改め、湖北の要港を管掌する。しかし、信長自身はまだ岐阜を離れることができない。

天正二年、長島の一向一揆との戦いに勝利し、岐阜を離れる要件が整い始める。この年、信長の領国内の関を撤廃し、道路の整備を行う。京を目指す条件が整い始めた。

天正三年五月、宿敵武田勝頼を長篠設楽原の合戦で破り、東国からの脅威を取り除くと、瀬田川に勢田橋を架け、京への陸路を確保する。徐々に、信長が岐阜を離れる条件が整ってきた。

天正三年十一月、信長は、家督と岐阜城を嫡男の織田信忠に譲ると、茶道具だけを持って岐阜城を離れ、ひとまず、佐久間信盛の屋敷に移る。

そして、天正四年一月、信長は岐阜を離れ、近江に遷る。安土山に安土城を造るよう、佐和山城の丹羽長秀に命じると、二月、信長自身が、工事を始めて間もない安土城に移る。いかに信長が近江に執着していたかが良く判る。信長の近江への移座により、近江支配における光秀の価値は相対的に減じる。この事と連動するように、光秀は近江以外の地での戦いに駆り出されることになる。

天正七年（1579）、安土城の天主が竣工し、信長は天主に移り、完全に琵琶湖に君臨する。信長は自らが神となり、天皇という神を降し、日本の支配者になることを目指し、そのバックボーンに「天台薬師の浄土」と表現された琵琶湖を据えた。その琵琶湖は俗的には日本の流通経済を支配するために不可欠な運河でもある。信長が日本を完全に支配するうえで琵琶湖は、聖・俗両面の価値を持つ存在だった。言い換えれば、信長は、自ら直接琵琶湖を支配しなければ、日本を支配したことにはならない、と意識していた。それが実現しつつある。この段階で、信長にとって、光秀の近江における価値はさらに減少する。

天正十年二月、甲斐掃討戦が敢行され、武田氏を完全に滅ぼし、東国からの脅威は完全に払拭される。そして三月、信長は信忠に「世俗の事はお前に譲る」と宣言する。世俗の事を譲るが、引退するわけではない。世俗のほかに残されたものは「聖」しかない。ここにおいて信長は神として安土城に座し、日本に君臨することを宣言した。

この段階で、信長にとって、近江における光秀の価値は、完全に無くなった。

元亀元年(1570)から続いた近江を巡る儂の戦いに終止符を打つ時が来た。

神としてこの国に君臨するためには、湖水の力を取り込まなければならぬ。

そのためには、儂自らが、湖水を支配しなければならぬ。このため布石をゆっくりだが着実に打ってきた。坂本城・長浜城・大溝城、そしてこの安土城の築城により、完全に湖水を我物とした。

今は、光秀、秀吉、信澄に湖水の城を任せてあるが、以後、儂の直轄として代官を派遣する。信澄は優秀な若武者に育った。大和を望んでいるようだが、叶えてやっても良いか。秀吉は中国で活躍している。そのまま、切り取った国を与えてやろう。

坂本城の光秀だが、あ奴の戦闘能力、政治力には秀でたものがある。老齢ではあるが、まだ役に立つ。四国、九州との戦いに投入し天下布武の完成まで戦いを続けさせよう。

▲**繖山より** 繖山より俯瞰した安土山。信長の時代は、周囲を湖に囲まれた美しい半島だった。

TOPICS⑥

安土饗応膳　光秀は氷を手に入れた？

天正十年（1582）、甲斐掃討戦に勝利した信長は、武田氏の遺領の配分を行う。この時厚遇された徳川家康と穴山梅雪は礼のため、連れ立って安土城を訪れる。五月十五日、信長はこの接待役を光秀に命じる。光秀は、京、堺から山海の珍味を集め、十七日まで家康らを接待した。

この時の饗応のメニューの内、十五日の二回、十六日の二回、点心（デザート）一回のメニューが残されている。

この内、最初の「落ち着き」の復元を行った。この膳は、本膳から五の膳まで二十八種類の料理と「御くハし（お菓子）」四種類で構成される。海・湖の魚と鳥により構成され、四つ足の動物の料理は全く含まれていない。また、当時の調味料には、醤油と砂糖は無く、味噌・酢・酒にほぼ限られた味付けの料理である。見た目は豪華ではあるが、現代人の味覚とは乖離した料理かもしれない。

数ある料理の中で、二の膳に登場する「海鞘《ほや》の冷や汁」が目を引いた。「冷や汁」を「冷えた汁」とするか「冷やした汁」とするかにより、料理の持つ意味合いが全く異なってくる。饗応は旧暦の五月十五日に行われた。新暦に置き換えれば七月の中旬で、暑さが厳しい季節である。最高のも

▲安土饗応膳「をちつき」饗宴とは、もてなしと同時に、相手に主の力を見せつける戦いの場でもある。

てなしに「冷めた汁」は考え難い。積極的に汁を冷やしたとすれば、光秀は、氷を入手していたとしか考えられない。

古来、夏に氷を扱い、これを臣下に分け与える行為は、天皇の専権事項とされていた。何故なら、夏に氷を得ることは超自然的行為であり、自然をも意のままに扱い得る天皇の権威を具体的に示す行為として、重視されていたためである。このため、京都の周辺、奈良、近江に朝廷の氷室が置かれ、天皇のための氷を貯蔵していた。しかし、律令制の崩壊と共に天皇の氷室は姿を消した。

光秀が領していた滋賀郡の龍華には、古代から「氷室」が設置され、夏まで、氷を貯蔵し、これを天皇に納めていた。この故事を知る光秀、或いは信長の命により、安土に最も近い龍華の氷室の復活が、なされていたのかもしれない。

光秀、今回の接待は家康をもてなす私的なものだ。しかし、お前は解っているだろうが、近い将来天皇を安土城に招き、ここで儂は天皇とのメンタルな戦いをする。

当然、天皇に対する饗応もその戦いの中で行う。その予行演習が、今回の饗応だ。抜かりなく勤めろ！

今度《こたび》は、家康殿、梅雪殿の接待を命じられた。近い将来執り行う天皇への接待の予行演習でもあるという。山海の珍味、最新の料理を用意しよう。

そうだ、頃は夏。龍華に秘蔵している氷を料理に使おう。夏の氷は王権の象徴。氷室を維持できなくなった天皇に対し、信長様の氷を差し上げる。料理で、天皇に王権の交代を悟らせよう。料理も戦だ。

▲海鞘の冷や汁　海鞘は生で復元したが、塩漬けの可能性もある。光秀はここに氷を浮かべた？

▲二の膳　左上から、貝鮑・うるか・宇治丸(鰻)・ふとに(なまこ)・鱧・鯉の汁・海鞘の冷や汁。

6　光秀決意する

本能寺の変の原因説として、トピックス⑥（102・103頁）で紹介した供応に際して、光秀が、〝家康らへの接待の不始末を信長に叱責されたことを恨み、謀叛を起こすに至った〟、とされることが多いが、これは『川角太閤記』という軍記物に登場するエピソードであり、信憑性に乏しい。

この接待の途中、秀吉から、「水攻め途中の備中高松城に毛利の大軍が進軍してくる。これに対抗するため、信長の援軍を求める」使者が到着する。信長は、中国地方を平定する絶好の機会と捉え、直ちに光秀らに秀吉の援軍として出兵するように命じる。これを受け、光秀は十七日、坂本城に帰る。

少なくとも、十五日までは光秀が信長を裏切る要素はない。あるとすれば、秀吉からの援軍要請があって、光秀に出兵を命じた時点となる。

この時、ある事件があったことをルイス・フロイスの『日本史』が記している。「これらの催しについて、信長と光秀はある密室で話をしていたが、何か、信長の気に入らぬことで光秀が言葉を返すと、信長は怒り、光秀を足蹴にした。何分、密室で、二人だけの出来事なので、後々まで噂に残ることはなかった」。これが事実だとしたら、光秀は、何を信長に口答えしたのだろうか。それは良質の資料がないため謎である。ただ、軍記物ではあるが、光秀の動向を最も多く伝える『明智軍記』次のような記述が見える。

「秀吉への援軍を命じる信長の使者として青山与三《よぞう》が来て要件を告げ、加えて事がなったら光秀に出雲・石見の二か国を加増すると信長様がおおせだ、と告げた。これを聞いて光秀は謹んで信長の命を受けた。しかし、青山は続けて、両国を拝領する事、誠におめでとうございます。しかし、丹波・近江は信長様にお返しするようにとのことでございます。と言い捨てて帰った。これを聞いた光秀と、その郎党は闇夜に迷うような絶望に襲われた」。

秀吉からの援軍依頼が来た。毛利を倒す絶好の機会だ。幸い、勝頼を倒し、軍勢に余裕がある。一気に攻撃しよう。まず、光秀を差し向けよう。

丁度良いタイミングだ。光秀には、これを機会に西国支配の先兵として活躍してもらおう。空手形だが、褒美としてとりあえず、出雲・石見を与えるか。その後は切り取り次第九州を任せても良い。そのための「惟任日向守」。

そして、湖水は儂が直轄する。坂本城・長浜城・大溝城には事務能力の高い文官を入れる。近畿管領は信忠に任す。

光秀！新たな世界を切り開け！

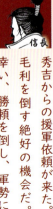

あの日、私は信長様に呼び出され、秀吉殿への援軍を命じられた。

予測していたことだ。私は謹んでお受けした。

信長様は、作戦が成功したら出雲・石見を私にくださるという。滋賀を頂いた時も、「敵地を切り従え領国とせよ」と言われたから、今回も同じ事。切り従えるまでの事だ。私はこれも謹んでお受けした。

しかし、続けて、滋賀・丹波を信長様に帰せと言われた。

これまで、戦いが終われば坂本に戻り、妻の眠る西教寺から湖水を眺め、ここで英気を養えればこそ、苦しい戦いを続けることができた。

しかし、今回は完全に湖水を離れ、未知の西国を切り開け、と言われる。

私も年老いた。老骨にムチ打ちながらも戦うモチベーションを、信長様は奪おうとされた。

「西国など要りませぬ。せめて湖水のある滋賀一郡だけでも手元にお残しくだされ!」と懇願したが、一蹴された。

もはや、決定は覆らない。

どうする光秀? 決定を覆すには、決定者を排除するしかない。

家臣達とて、現住地を捨てて未知の世界を切り取り、ここに新たな暮らしを立てること等、望みはしまい。事情《わけ》を話せば付いて来てくれる。

信長様を亡きものとすることに、天下の支持は得られるか? 武家達は信長様のカリスマ力に屈しているだけで、その枷が外れる事を望んでいるはずだ。恩賞さえしっかり保証すれば、次なる支配者としての私に従うだろう。

天皇、公家達は諸手を挙げて私を称賛するだろう。このまま、天皇と信長様がメンタルな戦いに突入すれば、天皇が敗北することは目に見ている。その危機を私が救うのだから、悪いようにはしないだろう。

よし。勝算はある。何とかなる。やるしかない。湖水を我ものとし、湖水と共に暮らす為に。

▲決意　琵琶湖も時として激しく波立つ。信長の命を受けた光秀の心も荒れ狂ったのか。

7 本能寺の変

天正十年（1582）五月十七日、光秀は坂本城に帰り、中国攻めの準備を行うが、この時点で信長を裏切るタイミングを計っていた。光秀は、秘かに坂本城の大天主に登り、安土城を凝視していた。

もう、決定は覆らないのだろうか？
信長様を裏切ることは辛い。
何か良い手立てはないか？
信長様の性格を考えれば、従うか背くかの二択しかない。
未知の土地での栄華を選ぶか、湖水を選ぶか。
やはり、湖水の魅力には勝てぬ。
信長様を倒し、あの安土の城から天下に号令するしか道はない。

五月二十六日、光秀は坂本城を立ち、丹波経営のために整備した亀山城に入り、丹波の軍勢を結集させる。

五月二十七日、京都愛宕神社に詣で、戦勝を祈願する。この時、何度も御神籤《おみくじ》を引いたと伝えられる。

神となった信長様と戦うには、神の加護が欲しい。
愛宕《あたご》大権現、勝軍地蔵菩薩、私に力をお貸しくだされ。

この日は愛宕山に泊まり、翌二十八日、愛宕山西林坊で連歌を興行する。この時の光秀の発句が「ときは今あめがしたしる 五月かな」である。この句の意味に関しては、「美濃の土岐氏の流れをくむ光秀が天下を取る時が来た」と解されることが多いが、光秀の謀叛を強調するため「あめがしたなる」を「あめがしたしる」に改竄されたとする考えもある。

同二十八日、光秀は連歌を愛宕山に奉納すると亀山城に帰城する。

翌二十九日、信長が小姓衆等僅かな手勢を引き連れ上洛。本能寺に入る。

この日の光秀の動向を示す資料はない。信長に対する謀叛を胸に秘め、外見上は中国出兵の準備を装い、この日のどこかの段階で、主だった者達に、謀叛を打ち明け、同意を求めたものと考えられる。

翌六月一日、信長は本能寺で茶会、来客への対応に追われる。この日の夜、光秀は亀山城を出、京に向かう。

翌六月二日未明、光秀は本能寺を襲撃し、信長を自害に追い込む。

『信長公記』「明智日向守逆心の事」より

「さる程に、不慮の題目出来候て、六月朔日、夜に入り、丹波国亀山にて惟任日向守光秀、逆心を企て、明智左馬助、明智次右衛門、藤田伝五、斎藤内蔵佐、是れ等として談合を相極め、信長討ち果たし、天下の主となるべき調儀を究め……」

『信長公記』「信長公　本能寺にて御腹めされ候事」より

「(六月二日)ときの声を上げ、御殿へ鉄炮を打ち入れ候。是は謀叛か、如何なる者の企てぞと、御諚のところに、森乱申す様に、明智が者と見え申し候と、言上候へば、是非に及ばずと、上意候。……信長、初めは、御弓を取り合ひ、二、三つ遊ばし候へば、何れも時刻到来候て、御弓の弦切れ、其の後、御槍にて御戦ひなされ、御肘に槍疵を被り、引退き、是まで御そばに女どもつきそひて居り申し候を、女はくるしからず、急ぎ罷りい出でよと、仰せられ、追ひ出させられ、既に御殿に火を懸け、焼け来たり候。御姿を御見せあるまじきと、おぼしめされ候か、殿中奥深く入り賜ひ、内より御南戸の口を引き立て、無情に御腹めされ」……

何？　光秀が謀叛を起こし攻め込んできた？

何故じゃ？　確かに辛い戦いを強いた。しかし、それに見合う待遇はしてきた。何が不足なのか？

そうか、あの一件か。湖水を離れ、西国を切り開けと命じた時、珍しく逆らいおった。湖水から離れることが、奴には耐えられなかったという事か。

しかし、これだけは譲れん。湖水は儂のものだ。

是非もなし。戦えるところまで戦ってやる。

終にやってしまった。信長様を倒し、信忠様も倒した。

一刻も早く、安土城天主に登り、新たな天下の主、そして湖水の主が私であることを宣言しなければ。

▲燃え盛る　決断の後は実行あるのみ。

エピローグ

1　勢田橋と光秀

天正十年（1582）六月二日未明、光秀は本能寺で織田信長を倒すと、織田信忠を二条御所に攻め、これも倒す。信長親子を倒した後は直ちに、新たな支配者が明智光秀であることを天下に向けて宣言しなければならない。常識的に考えれば、京を征圧し、ここに新たな政権を樹立するはずだが、光秀は、直ちに近江の安土城に向かう。

光秀が率いる大軍が東山道を南下し、瀬田川に架かる勢田橋に至った時、思いがけない事態が発生する。勢田橋を護ることを主な任務として置かれた勢田城主の山岡景隆兄弟が、光秀の誘いを蹴ったばかりか、勢田橋を焼き落してしまったのである。

この時の勢田橋は天正三年に、信長の領国内の交通網整備の一環として架橋されたもので、幅八メートル、長さ三六〇メートルという巨大な橋であった。古来、勢田橋は軍事的要衝地として重要視されてきた。六七二年に勃発した壬申の乱の最終決戦地は瀬田橋だった。天平宝字八年（764）乱を起こした藤原仲麻呂は、瀬田橋を焼き落されたため、敗北した。武田信玄は「我が軍旗を勢田橋に揚げよ」と号令したと伝えられる。

▲**勢田橋の場所**　発掘調査の様子。矢板で囲い水を抜いた調査と並行して、その右の台船の下では、潜水による調査が行われた。

信長の架けた勢田橋と考えられる遺構が瀬田川の川底から見つかっている。ここからは、壬申の乱の際の橋脚の基礎、藤原仲麻呂の乱の際の橋脚の基礎が見つかり注目を集めたが、この古代の橋脚基礎の周辺から多数の礎石が出土した。礎石の多くは中央にくぼみを持つもので、周辺にある近江国府、近江国分寺等の古代の遺跡から出土する礎石に酷似する。瀬田川の川底は極めて固く、柱杭を打ち込むことが出来ない。そこで、橋脚を支える基礎構造を必要としたわけだが、信長は、これを古代の遺跡にあった礎石を掘り起こし、橋脚の基礎に転用したと考えられる。礎石の周りからは、信長の時代に流通した永楽通宝が大量に出土し、礎石が信長の時代のものであることを物語っている。

山岡！　私に従い、勢田橋を渡らせろ！　私に従えば悪いようにはせんぞ。

何！　山岡が勢田橋と勢田城に火を放ち甲賀に退去したと！

信長様にそこまで忠節を尽くすのか？　時代の読めぬ奴。

しかし、このままでは安土に進軍できぬ。大軍で湖水を推し渡る船を私は持っていない。

▲信長の勢田橋の基礎　川底を掘り進むと、このような礎石が現われた。この周辺からも同じような礎石が多数見つかった。

勢田橋の復旧を急がせよう。

仕方がない、坂本城に戻り諸大名達への調略を進めなければ。

結果として、勢田橋の応急修理が完成し安土城に入城したのは六月五日にずれ込んでしまう。この間、大混乱に陥っていた安土城であったが、信長の家族達は、安土城の二の丸を守備していた蒲生賢秀の手引きにより日野城に避難し、ここで籠城し、光秀への抵抗を続けた。

勢田橋を巡る三日のロスが、光秀の歯車を狂わせ始めた。

勢田橋（瀬田唐橋）36▼大津市唐橋町　京阪電鉄石坂線唐橋前駅下車　徒歩5分　国道422瀬田の唐橋

▲瀬田の夕照　近江八景瀬田夕照の光景。あの日、勢田橋を渡ることができたら、光秀の運命も変わったかもしれない。

2 安土城

儂は物心がついたころから戦場にいた。その中で、多くの人が死ぬのを見た。儂自身も人を殺めた。領国を守るためには仕方のないことだ。尾張一国を平定するのに四苦八苦した。そして美濃に侵攻し、永禄十年(1567)に美濃を手に入れた。その頃から儂の考えが固まって来た。

このまま版図を広げて行けば、日本という国全体を手中に納めねばならぬ。人の指図を受けるのは嫌だ。唯一絶対的な王にならねばならぬ。そのためには天皇という存在が邪魔だ。これを降し、従わせなければならぬ。天皇という神に勝つためには、儂自身が天皇よりも強い神にならねばならぬ。

さらに考えた。戦に死は付き物だ。しかし、人を殺してばかりでは、国の経営が成り立たぬ。儂に逆らう者、生産に従事しない者どもは殺しても構わぬ。しかし、部下は殺したくない。そ

▲信長vs天皇　安土城天主は建屋部分が33mで、天主台の石垣の高さを加えれば50m近い高層建築となる。安土山は麓から100m。山の高さの半分の構造物が忽然と姿を現した。

のため、いち早く鉄炮を導入したし、三間半(七メートル)の長槍も発案した。しかし、戦闘には絶対にリスクが伴う。出来れば戦は避けたい。

そのためにはどうする? 相手の戦意を失うような圧倒的構造物を見せつけるのが良い。元亀四年(1573)儂は大船を造った。案の定、これを見た高島衆はさしたる抵抗もなく儂に降った。

そして、いよいよ儂の圧倒的な力を示す神殿を建立する時が来た。場所は安土山を選んだ、近江のほぼ中央にあり、天台薬師を祀る聖地でもある。麓からの高さが一〇〇メートル程の低い山だが、湖水の至る所からその姿を見ることができる稀有な山だ。

此の山を削り、山肌を石垣で固めた。この時、信澄が蛇石なる巨岩を曳いて来た。これは良い。儂はこれを一万人の人数を動員して三日三晩かけて、安土山の頂上に曳きあげた。神となる儂

が座す磐座だ。しかし、本当に岩の上に座るわけにもゆかぬので、磐座の上に儂が座す本殿としての天主を建立した。そのために、蛇石を覆い隠すように石垣を築き、これを天主台とした。

儂は生きながら神となったから、儂に奉仕する者を必要とするし、儂の家族も側に置く必要がある。天主は地下に穴倉を設けた地上六階の建築とし、三階部分に儂の居室と家族の居室を置いた。ここに参入する者は、儂と家族に奉仕する者のみだ。その下層は諸大名との謁見や、能楽等を演じる常の空間とした。そして、五階部分は八角形の一間とした。この形は吉田兼見の吉田神社にある、国中の神を祀る、大元宮の構造を採用した。そして、壁面に釈迦説法図を描かせた。国中の神と天竺の神を従え儂が座す。最上の六階は正方形の一間とし、壁に道教世界の神々を描かせた。中国の神々を従え、儂が座す。磐座の上にあって、日本・中国・印度(仏教)の神々を従える儂は、まさに天下を支配する最高神と言える。

そして、儂は城を瓦で葺き、その先端に金箔を貼らせた。屋根瓦に金箔を貼っても戦に勝てるわけではない。戦うことにおいて無駄だ。しかし、瓦にまで金を貼る儂の財力と、儂の存在を視覚的にアピールする効果は絶大だ。

天主の高さは、天主台を含めれば概ね五〇㍍。安土山が石垣で覆われ白く輝き、この頂上に山の高さの半分の高さの、黄金に輝く天主を出現させた。高さが一五〇㍍に及ぶ人工構造物。日本の誰も、いや、世界の誰も見たことのない神殿が、出現した。これは、儂の神殿であると同時に、見る者を畏怖させ、戦意を奪い取ってしまう、最強の武器でもある。

そして、天正十年のどこかの段階で、儂は、天皇を安土城に招く予定だった。天皇が安土城に入った瞬間、儂の勝利が確定する。天皇は本丸御殿に入るが、儂は神殿の五階に座し、四〇㍍程下にいる天皇を見おろす。

光秀、もしや儂の目論見に気づき、天皇に靡いたのか？　いや、そんな事は、周知の事。

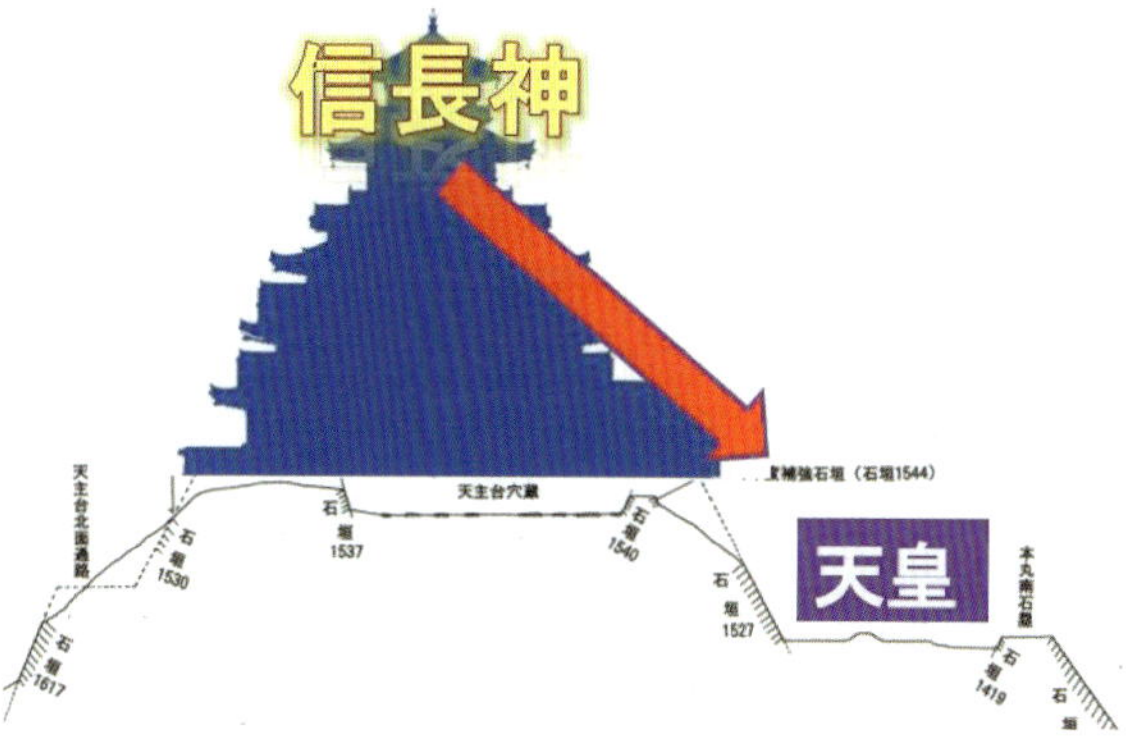

▲信長vs天皇　行幸した天皇は本丸に座す。信長神はこれを天主から見下ろす。この瞬間、天皇が信長に屈したことになる。

3　光秀と安土城

私は、坂本城から安土山が日々姿を変えてゆくのを眺めていた。工事の怒号が坂本まで聞こえてくるようだった。やがて、安土山が石垣で覆われ、白く輝くのが見えるようになった。宇佐山城の比ではない。そして、信長様の座す天主がその姿を見せ始めた。凄い！　夕日を浴びて天主は黄金に輝いて見えた。まさに信長神の神殿。

あの神殿に座すことが、湖水の力を身に纏い、日本を従えることを意味するのだろう。しかし、私はそんなことは望んでいなかった。湖水の畔の坂本城にあり、近畿管領的立場に十分満足していた。私も年老いた。このまま安寧に暮らしたかった。しかし、信長様は私を新たな戦いの場に駆り立てたばかりか、坂本城まで私から取り上げた。絶望した私は、本能寺で信長様を亡きものとした。謀叛の後どうするかを綿密に計算していたわけではない。何とかなる。とにかく、湖水の元を離れるのが耐えられなかった。

▲湖水に浮かぶ安土城　全国数ある城郭の中で、周辺の景観を含め「美しい」城は安土城だけかもしれない。

だからこそ、信長様が湖水を支配、いや、湖水と一体化することを目指し築城した安土城に一刻も早く入城し、新たな湖水の主となったことを、安土城から宣言したかった。そのためには、謀反を正当化し、私が安土城の主となったことを認める「朝敵信長を討ち、近江、畿内を安堵せよ」という天皇の綸旨を、安土城でお受けする必要があった。綸旨を賜り、謀反が正当化されれば、天下などいらぬ。近江一国を私のものとすることができれば、他の国々は配下に分配しても構わないと思っていた。

天皇は私の意を汲み、直ちに綸旨を与えてくださると思っていた。天皇が信長様と戦えば敗北することは明らかだった。私は天皇の恩人なのだから。

私は、信長様を倒すと同時に、安土城に入り、信長様のご家族を人質にし、無傷の安土城で、天皇の勅使を迎えるつもりだった。しかし、勢田橋を護る山岡は、私の誘いを断ったばかりか勢田橋を焼き落とすという、行動に出た。誤算だった。さらに、信長様のご家族は蒲生賢秀が連れ出し、日野城に籠ってしまった。あまつさえ、賢秀は、安土城の財宝も無傷で残して退城した。これでは、まるで私が安土城の財宝を目当てに乱を起こしたように見えるではないか。まずい。

【六月四日：秀吉が本能寺の変を知る】

結局、私が安土城に入ったのは六月五日になってしまった。入城までに三日間もロスしてしまった。私は直ぐに軍を長浜城、佐和山城に派遣しこれを接収した。これで念願通り、湖水は我がものとなった。

始めて安土城の天主に登った。何という眺めか。長浜城も、竹生島も、大溝城も、当然私の坂本城も一望できる。美しい。安土城からの湖水の眺めは、坂本城からの眺めとは全く違う。湖水の力が私の体の中に染み込んでくるような錯覚を覚えた。今、私は湖水の王となった

【六月六日：秀吉備中高松城を出て、大返しを始める】

六月七日、待ちに待った天皇からの勅使として、旧知の吉田兼見が、誠仁《さねひと》親王からの戦勝祝いの進物を携え、下向して来た。しかし、期待していた「朝敵信長を撃て」の綸旨はなかった。その夜、私は兼見に、謀反に至った経緯と思いのたけを訴えた。兼見はただ聞いていた。

【六月七日：秀吉、姫路城まで戻る】

▲安土山から昇る朝日　一月下旬、太陽は安土山の頂上から昇る。この光の中に安土城天主が浮かび上がる。まさしく神殿。

4 琵琶湖を離れて　山崎の合戦

勅使として下向した吉田兼見は、天皇の真意を伝えてはくれなかった。朝廷に圧力をかけ、後追いでもよいから綸旨を賜らなければ。

安土城で勅使を迎えるという目的は果たした。

六月八日、私は安土城を発し、坂本城に入城した。坂本城の大天主に登り、湖水を見つめた。我がものとなった安土城が輝いている。次にあの城にもどるのは何時になるだろう。

六月九日、私は軍勢を率いて上洛した。振り返ると湖水が瑠璃色に輝いている。待っていてくれ、次にここに戻り湖水を臨むときは、湖水と共に生きる新たな暮らしの幕開けの時だ。

上洛した私を、公家衆のほとんど、そして多くの町衆が新たな支配者として出迎えてくれた。私は、天皇に勅使下向の礼として銀五百枚（現在の価値にすると約五千万円）献上するとともに、大徳寺・五山にそれぞれ百枚（同一千万円）、勅使として下向した吉田兼見に五十枚（同五百万円）をそれぞれ献金した。さらに、京の町衆に課税していた税の一部を免除し、京に広く私の登場を認めさせた。民心を掌握することも新たな支配者として重要なことだ。

▲出陣　期待していた援軍も得られず、天皇にも裏切られた光秀のとる道は、戦う事だけ。秀吉が光秀を飲み込もうとしている。

［六月九日：秀吉、姫路から明石へ］

秀吉殿！　何というスピードだ。事態は私の予想外の展開を見せ始めている。信長家臣団の取り込みを急がねば。私は急遽鳥羽に向かって出陣した。

六月十日・十一日、私は鳥羽の本陣から筒井順慶や細川藤孝親子への説得を重ねたが彼らは動かなかった。

［秀吉：十日に明石、そして十一日には富田まで進軍］

今の私の軍勢は、秀吉殿の軍勢の半分にも満たない。まして、秀吉殿は信長様の弔い合戦を前面に押し立て進軍して来る。これを跳ね返すには、天皇からの「朝敵信長討伐」の綸旨しかない。これを示せば形勢は逆転する。しかし天皇は動かない。

秀吉迫るの噂は京にも広がって来た。天皇は様子見を決め込んでいるのか？

▲怪しく燃える湖　光秀は、琵琶湖を求め戦い、破れ、そして死んだ。光秀の慟哭が湖水を赤く染めた。

私の恩を忘れたのか！　天皇とは何としたたかな存在なのだ。私ごときが手に負える相手ではなかったのか。この天皇を手玉に取っていた信長様の凄さを改めて感じた。

天皇に裏切られた私が採る方法は戦うのみ。軍勢の数で劣る私が勝つためには、淀川と天王山に挟まれた隘路を縦長の陣形で進軍して来る秀吉軍を順次撃破するしかない。秀吉軍は長距離の移動で疲労しているはず。勝機はある。光秀有利の報が広まれば、日和見を決めている連中も私に付くはずだ。

六月十三日、私の思惑通り、両軍は山崎で激突した。しばらくの間は優位に戦闘は展開したが、結果は多勢に無勢、私の軍は総崩れとなった。私は立て直しを図るべく夜陰に乗じて坂本城への撤退を試みたが……。

▲西教寺　境内に建立された明智一族の墓は、本堂からも拝することができる。

▲灯が消える

5 琵琶湖を見つめて

天正十年（1582）六月二日、光秀は本能寺で信長を倒し、琵琶湖を手に入れる。しかし、六月十三日、備中高松から想像を絶するスピードで戻って来た秀吉と山崎で戦い、敗北する。そして、琵琶湖の畔に戻ることなく命を落とす。

終わった。

勝算が無かった訳ではない。運に見放されたと言うことか。

しかし、不思議と悔しさはない。

私も年老いた。安寧の地が欲しかった。湖水の畔を追われた時点で、私の取るべき道は一つしかなかった。

それが成功しようが、しまいが、私にとってどうでも良いこと。

ただ、無抵抗に、湖水の畔を離れることだけは、できなかった。

強大な信長軍団を敵に回したのだから、こうなることも予測はしていた。

もう、何も焦ることもない。もう闘うこともない。ただ、湖水に宿り、日々湖水と共に暮らそう。今、私の願いが叶った。こんな幸せなことはない。

湖水に坐す天台薬師は私を迎えてくれるだろうか？　そんな事も、どうでも良い。

私が想い、私が宿る、この湖水こそが私の浄土。

おや？　あそこに居るのは熙子か。お前も湖水の浄土に来ていたのか。お前の望みも叶ったのだな。

おお！　そこにおわすのは信長様？　穏やかなお顔をされておられる。

▲明智一族の墓　墓は，天正10年には建立されている。秀吉は歴史の気まぐれの中で、光秀を葬っただけなのかもしれない。

▲西教寺の墓地　光秀も熙子もそして真盛上人も、さらには西教寺の墓地に眠る多くの人達も、琵琶湖を見つめて眠っている。

光秀、お前のおかげで一足先に湖水の浄土にやって来ることができた。礼を言うぞ。

儂は湖水の力を纏い、湖水と一体となることを望んでいたが、それが思いもよらぬ形で叶った。

俗世も刺激的でよいが、湖水の浄土も捨てたものではない。

思う存分酒を飲み、湖水談議に花を咲かそうぞ。弁才天も加えてやるか。おお熙子殿、そなたも加われ。もう黒髪を切る事もない。

もし、湖水を穢す者が現われたら、儂は現世に甦り、そのものと戦う。光秀、お前も従うだろうな?

琵琶湖を見おろす坂本西教寺に、天正十年（1582）の内に、光秀の想いを汲む者の手により、光秀とその一族の墓が建立された。

不思議なことに、光秀の墓のすぐ側に秀吉が寄進した客殿が建っている。秀吉も光秀の墓の存在を知っていたはずである。秀吉が真に光秀を憎んでいたら、墓は当然除却されたはずである。しかし、秀吉は西教寺が光秀の菩提を弔うことを認めていた。

秀吉にしても、光秀が突然本能寺で巻き起こした歴史の荒波に飲み込まれ、あらがい泳ぎ岸に着いたときに、光秀を倒していた事にはじめて気付いたのではなかろうか。秀吉は、光秀に対して何の恨みも持っていなかったのかもしれない。

本堂からは、琵琶湖を巡る光秀の物語を永遠に伝えようかとするように、今日も不断念仏の乾いた鉦の音が響いている。

▲湖水　この琵琶湖こそが、数多の生き物達に加え、人とその歴史をも見守る神々が宿る、浄土に思える。

TOPICS⑦

多景島と明智一族

琵琶湖に浮かぶ孤島「多景島」。その片隅に「湖水渡左馬之介秀満一族郎党之霊」と書かれた、朽ちかけた木製の供養塔が建っている。※

左馬之介秀満とは、明智光秀の娘を妻とした光秀の重臣で、本能寺の変では先鋒を務めた。光秀と共に安土城に入城し、安土城の守備に就いていたが、山崎の合戦で光秀が敗北したことを知ると、秀吉軍を迎え撃つべく安土城を出、坂本城を目指す。大津市打出浜付近で堀秀政の軍と遭遇し、進路を阻まれた秀満は、愛馬と共に湖水に飛び込み、坂本城に泳いで帰城した。「明智左馬之介湖水渡」である。坂本城に戻ると秀満は、光秀遺愛の重宝類が失われることを惜しみ、城を囲む堀秀政に渡すと、光秀の家族、自分の家族を殺し、坂本城の煙硝に火を放ち、燃え盛る城の中で自害した、と伝えられる。

何故、多景島に秀満の供養塔が？ 多景島は日蓮宗見塔寺が守る琵琶湖の聖地である。現在の御住職が島に入られた時、一人の武者が現われた。そして、「私は湖水を渡り、主の城を護ろうとしたが叶わず命を絶った明智左馬之介。湖水の真ん中に浮かぶこの島に我が霊を祀って欲しい」と告げたという。琵琶湖に浮かぶ多景島では、水難者や、食料となった魚介類の霊を慰める供養を毎年行っていた。それを知ってか、琵琶湖に浮かぶ坂本城と共に命を落とした明智一族の魂は、光秀や熙子のように、琵琶湖に宿る事を望んだのだろう。そして、琵琶湖の真ん中に浮かぶ多景島の僧に、その供養を依頼した。後に、礼装の馬に乗った武者が、御住職の元に現れ、礼を述べたという。

多景島㊲▼彦根市 ⛴彦根港（彦根市松原1丁目）より定期船（有料）

※2018年の台風により、画像の供養塔は倒れてしまった。

▲多景島　多景島には航海安全を護る神が祀られていた。現在は、日蓮宗見塔寺が島を護っている。

▲明智左馬之介供養塔　この塔には、湖水と共に生きた数多の霊への供養の気持ちも込められている。

付録　信長と光秀年譜（近江を中心に）

※天正二年以降の●印は転戦する光秀の動向を示す。

和暦	西暦	月	信長	月	光秀
永禄9年	1566				高島田中城に籠城か（米田家文書）
永禄10年	1567	8月	15日　美濃斎藤氏を倒し岐阜城に入る	8月	義昭と共に在越前？
永禄11年	1568	7月	光秀から義昭の上洛支援を要請される	7月	信長に義昭の上洛支援を要請
					信長と光秀の出会い
					16日　義昭一行小谷城着
			25日　義昭一行岐阜立政寺着。信長歓待。光秀同座？		
		8月	7日　上洛に備え、六角承禎説得のため佐和山へ	8月	
		9月	8日　上洛戦敢行のため、岐阜を出陣し高宮に着陣	9月	義昭に従い岐阜の立政寺で控える
			11日　愛知川近辺に野陣		
			12日　箕作山城を攻め、これを落とし、箕作山城に着陣		
			13日　観音寺城を攻め、占拠		23日　義昭に従い成菩提院着
			24日　義昭を桑實寺に迎えた後、守山に侵攻		24日　義昭に従い桑實寺着
			26日　琵琶湖を渡り、三井寺極楽院に陣		27日　義昭と共に琵琶湖を渡り、三井寺光浄院に陣
			28日　京都東福寺に陣を移す		28日　義昭に従い、京都の清水寺に陣
		10月	18日　参内し、義昭15代将軍宣下を受ける	10月	義昭と共に京に残る
			28日　岐阜城に帰る		
永禄12年	1569	1月	8日　京着陣	1月	5日　三好三人衆、義昭の六条の御座所を囲み攻撃する。光秀らしこれを防ぐ
		2月	29日　将軍御座所近辺に寄宿することを禁止する触書を発給	2月	29日　信長の文書に連署。光秀の名前が文書として現れる初例
		4月		4月	この頃より、秀吉ら信長家臣とともに京都の政治に関与
		10月	11日　上洛	10月	この頃、東寺の下久世荘（京都府城陽市）を押領
			17日　岐阜城へ帰城		
永禄13年	1570	1月	23日　「五カ条の条書」で義昭を牽制	1月	この年、長子の十五郎が生まれる
					23日　条書の宛先が光秀と朝日山日乗
		2月	25日　上洛のため、岐阜城を出る	2月	
		3月	5日　上洛	3月	
		4月		4月	10日　義昭、東寺八幡宮領山城下久世荘を光秀に与える。管理をめぐって東寺とトラブルをおこす

和暦	西暦	月	信長	月	光秀
永禄13年（4月23日改元）	1570	4月	20日 越前に向かって、侵攻開始。坂本経由和邇泊 22日 信長、若狭熊川宿に入る	4月	20日 若狭攻めの先導隊として同国熊川に着陣
元亀元年	1570	4月	25日 敦賀手筒山を攻める 26日 金ヶ崎城を攻める。疋田城開城。浅井長政謀反 28日 金ヶ崎の退口で信長が危機に陥る。光秀は羽柴秀吉・池田勝正らとともに退却時の殿を務める 30日 朽木越で退却		
		5月	9日 宇佐山城を築城させる 21日 岐阜城に帰城	5月	6日 丹羽長秀とともに若狭に軍勢を進め、若狭武田氏を従わせ、京都に戻る
		6月	21日 小谷城下に攻め込み、虎御前山に陣 28日 浅井、朝倉連合軍、三田・野村に進出。姉川の合戦	6月	
		7月	1日 佐和山城を攻める	7月	在京
		8月	6日 上洛 23日 京都本能寺に着陣	8月	
		9月	大阪で三好三人衆と戦う 16日 浅井・朝倉連合軍、大津坂本に侵攻、森可也と戦う 23日 信長、野田・福島の陣を払い、大津に向かう 24日 本能寺を出て、逢坂を越えて大津に入る。延暦寺を説得するが拒否される。下坂本に陣	9月	信長の摂津出陣に従う 信長の近江出陣に従う
		11月	22日 六角義賢と和睦	11月	穴太の砦に入る。ついで京都の将軍山砦に入る。（和睦交渉に関与？）
		12月	13日 義昭が勧告した和睦を受け入れる 17日 岐阜城へ帰城	12月	
元亀2年	1571				この頃、宇佐山城を任せられる
		2月	24日 佐和山城の磯野員昌、城を明け渡す	2月	佐和山城の兵を船で高島に運ぶ
		7月		7月	宇佐山城と京の間を行き来する。滋賀郡の切り崩し工作を行う
		8月	28日 佐和山城に入る。先陣は志村城を攻める	8月	この頃、信長からの情報を得、焼討ちに備える
		9月	11日 勢田城に入る 12日 比叡山焼討ち この頃、光秀に対して坂本城の築城を命じる	9月	2日 仰木村の「なで切り」を計画する 12日 比叡山焼討ちに参加。坂本・滋賀郡を与えられる この頃、義昭から上山城の指揮権を与えられる
		10月		10月	盧山寺領を押領
		12月		12月	曼殊院等山門跡領を押領し、天皇から弾劾される 比叡山領の獲得方法をめぐって義昭と対立し、暇乞いを申し出る この頃、近江坂本城の築城に着手
元亀3年	1572	3月	7日 小谷城と山本山城の間に陣。湖北一帯を放火	3月	

和暦	西暦	月	信長	月	光秀
元亀3年	1572	3月	11日 滋賀郡に出陣。和邇に陣。木戸・田中の城を攻める砦を築かせる 12日 上洛 京に館を構える	3月	11日 信長に従い、滋賀郡に出陣し、木戸・田中の城を攻めるための砦造りを命じられる
		4月		4月	柴田勝家らと河内に出陣し交野城を救う
		5月	19日 岐阜城へ帰城	5月	19日 高島郡饗庭三坊を焼討ち、坂本城に帰る。林員清、光秀の調略により信長に味方する
		7月	19日 信忠の具足初めのため、湖北に向けて出陣 22日 山本山城を攻め、一帯を放火 24日 草野・大吉寺を攻める。同日、湖上から海津・湖北一帯。竹生島の攻撃を命じる	7月	この頃坂本城がほぼ完成する 24日 信長と連動して湖上から海津・塩津・余呉・竹生島他を焼討ち
		8月	虎御前山城竣工	8月	
		9月		9月	琵琶湖西岸一帯が混乱し、光秀は対応に追われる 比叡山領の高野蓮養坊の支配をめぐって、トラブルを起こす この頃坂本城の天主が出来上がる
		12月	22日 三方ヶ原の戦いで武田信玄に敗れる	12月	
元亀4年	1573	2月	20日 義昭、幕臣を扇動して、石山・堅田に兵を入れ、信長に挑む 24日 柴田勝家、瀬田川を渡り、石山を攻める 26日 石山の城を攻め落とす 29日 堅田合戦で堅田を手に入れる	2月	この月から3月ごろ、信長と敵対した将軍義昭に呼応し、堅田の全人衆達が光秀と敵対する 29日 今堅田を囲船で攻め破り、滋賀郡を過半平定する 下鴨に陣、義昭と決別
		3月	25日 上洛のため、岐阜を出る。細川藤孝、荒木村重逢坂まで信長を出迎える	3月	
		4月	3、4日 義昭を牽制するため、洛外・上京を放火 6日 義昭と和議 8日? 百済寺に進軍、2～3日泊 11日 百済寺焼討ち。この日に岐阜に帰城 12日 武田信玄病没。信長起死回生	4月	3、4日 光秀の軍勢、賀茂を焼討ちする
		5月	22日 佐和山に移動。大船の建造を命じる	5月	24日 西教寺において、今堅田の戦いでの戦死者の供養を行う
		6月		6月	28日 天主下の小座敷に移る。坂本城にて連歌会を催す
		7月	3日 義昭再び兵を挙げ槇島城に籠もる 6日 大船に乗り、佐和山から坂本に航海。坂本泊 7日 坂本から上洛	7月	6日 大船を受け入れる 18日 信長に従い、義昭を槇島城に攻める

和暦	西暦	月	信長	月	光秀
元亀4年	1573	7月	26日 京から坂本に移動。同日、大船を指揮して高島を攻める。	7月	26日 光秀は陸から近江木戸・田中両城を落とす。信長この両城を光秀に与える
天正元年（7月28日改元）	1573	8月	8日 阿閉貞征の寝返りを受けて、同日岐阜を出陣。近江侵攻 12日 雨をついて自ら小谷城の大嶽を攻める 13日 朝倉義影の陣を自ら襲う。追撃戦開始 17日 木ノ芽峠を越えて、越前に攻め込む 27日 秀吉が京極丸を攻めて久政を討つ 28日 京極丸に移動。長政自害	8月	8〜9月にかけて、朝倉氏滅亡後の越前施政に参画
		9月	6日 岐阜城へ帰陣 24日 伊勢侵攻	9月	
		11月	4日 上洛	11月	26日 坂本に帰還
		12月	2日 岐阜に帰城	12月	この頃までに、村井貞勝とともに京都代官となる
天正2年	1574	1月		1月	●大和多聞城を攻める
		2月		2月	●信長に従い、東美濃に出陣
		3月	12日 上洛、佐和山に数日泊 17日 志那から坂本に船で移動。京へ	3月	
		5月	5日 賀茂の比べ馬 28日 岐阜城へ帰城	5月	
		7月		7月	27日 ●信長に摂津方面の戦況報告書を送り、内容を絶賛される
		9月	29日 長島一向一揆殲滅	9月	●佐久間信盛らと河内に入り、本願寺衆徒を破る
		10月		10月	●河内高屋城を攻める
		11月		11月	16日 大阪から坂本に帰還
天正3年	1575	年始め	分国中の道路整備を行う	年始め	この年、京都の政治から遠ざかる
		3月	4日 京へ入る	3月	
		4月	大阪攻め 27日 坂本城から船で佐和山に戻ろうとするが、風に阻まれ常楽寺に上陸、陸路佐和山へ 28日 岐阜城へ帰城	4月	4日 ●再び、河内高屋城に三好康長を攻める 14日 島津家光が坂本城を訪れる
		5月	21日 ●長篠合戦で武田勝頼と戦う		
		6月	26日 にわかに上洛。佐和山で休息、船で坂本に	6月	●丹波攻めの任にあたることが決定する
		7月	17日 岐阜城に帰城 勢田橋を架ける	7月	3日 惟任の名字を与えられ、日向守となる
		8月	12日 越前に向かって出陣	8月	●信長の越前出陣に従い、一向宗門徒を攻める ●秀吉らと加賀に入る

和暦	西暦	月	信長	月	光秀
天正3年	1575	9月	14日 越前国掟を柴田勝家に与える 23日 岐阜に向かって帰陣。北庄から府中 26日 岐阜城に帰城	9月	23日 越前から坂本城に帰還
		10月	10日 上洛 13日 勢田橋を視察。勢田、逢坂、山科を経て京へ	10月	●丹波攻めに派遣される
		11月	4日 大納言昇進、お弓衆一〇〇人をつれて御所に 14日 京都発、急ぎ岐阜へ 28日 家督と岐阜城を信忠に譲る。同日、茶道具だけ持って、佐和山城に移る	11月	●丹波黒井城を攻める 21日 近江滋賀郡・高島郡の対立に対応すべく両軍の郡境を定める
天正4年	1576	1月	中旬 安土城の築城を命じる	1月	14日 ●丹波黒井城に赤井悪右衛門を攻める。同国八上の波多野秀治の裏切りにより敗れ、坂本に帰る
		2月	23日 安土で居住を始める	2月	18日 ●丹波に出陣する
		4月	29日 上洛 石山本願寺との戦闘	4月	●信長の石山本願寺攻めに従軍
		5月	5日		●天王寺砦の戦い 23日 病に倒れ、大阪から京都に戻る 14日 坂本に戻り吉田兼見と面会
		7月	15日 木津川河口戦(第一次)で敗北	7月	
		11月	4日 上洛、勢田橋を通る 21日 内大臣に昇進	11月	7日 光秀の妻、熙子が病死
		12月	10日 吉良で鷹狩りをするため安土を出て、佐和山に泊	12月	
天正5年	1577	1月	2日 鷹狩りより、安土に帰城 14日 上洛	1月	
		2月	9日 上洛 13日 雑賀攻めのため、京を出陣	2月	
		3月		3月	1日 ●滝川一益らと紀伊で雑賀党を攻める
		閏7月	6日 上洛。二条の新邸に入る	閏7月	
		8月		8月	●大和出兵
		9月		9月	27日 近江来迎寺に仏供料を寄進
		10月		10月	1日 ●細川藤孝らと、大和片岡城で松永久秀の党を攻め破る 10日 ●大和信貴山城を攻める 29日 ●籾井城を攻略する
		11月	18日 鷹狩り装束で参内、東山で鷹狩り	11月	

和暦	西暦	月	信長	月	光秀
天正6年	1578	1月		1月	11日 坂本城で茶会を催す。終了後船で安土城に向かう
		2月		2月	3日 高島の磯野員昌逐電。高島に影響力を及ぼす
		3月	6日 奥の島山で3日間鷹狩り、長命寺若林坊泊 23日 上洛	3月	●丹波・八上城を攻める
		4月	27日 上洛	4月	4日 ●摂津出陣。播磨上月城を攻める
		5月		5月	●播磨出兵
		6月	10日 上洛。矢橋から松本に船で渡る 播磨攻め	6月	
		7月		7月	20日 ●信忠に従い、播磨神吉城を攻め落とす
		8月		8月	娘の玉（ガラシャ）を細川忠興に嫁がせる
		9月	24日 上洛	9月	●丹波に入り小山城・高山城・馬場城を攻める
		10月	6日 坂本から船で安土城に帰城 21日 荒木村重謀反	10月	
		11月	6日 木津川河口戦（第二次）で勝利 9日 荒木村重を攻める	11月	9日 ●信長に従い、摂津在岡城で村重を攻める 娘を村重の適子、新五郎に嫁がせていたが、この時離別されて、光秀の元に帰る。（のちに明智秀満の元に嫁ぐ）
		12月		12月	●丹波に出陣
天正7年	1579	1月		1月	7・8日 坂本城で茶会を催す
		2月	18日 上洛	2月	●丹波に出陣し、諸城を攻める
		4月		4月	15日 丹波より信長に馬を献上 23日 丹波より信長に隼の雛を献上
		5月	3日 安土に帰城。坂本から船で安土 11日 吉日であるから、信長は天主に移る 中旬 安土宗論	5月	5日 ●丹波八上城を攻める
		6月		6月	2日 ●丹波八上城の波多野秀治らを降伏させ、安土へ送る。信長、波多野を磔に処す
		7月		7月	●丹波宇津城・鬼城・峯山城を攻める 24日 正親町天皇より御料所丹波国山国荘恢復の賞として、物を賜る
		8月		8月	●丹波黒井城を攻める
		9月	伊丹方面に出陣	9月	22日 ●丹波国領域を攻略する
		10月	8日 戌の刻京を出て安土へ 9日 日の出に安土城へ帰城	10月	この頃、近畿管領的な地位となる 24日 安土に赴き、信長に丹波・丹後平定を報告する
		11月	3日 上洛のため勢田橋の茶屋に泊	11月	

和暦	西暦	月	信長	月	光秀
天正7年	1579	11月		11月	22日 誠仁親王二条新御所に移徙する。光秀、村井貞勝らと奉行を務める
天正8年	1580	1月		1月	9日 京都屋敷で茶会を催す
		2月	21日 上洛	2月	
		閏3月		閏3月	坂本城の増築工事を始める
					● 秀吉の援軍として備中に出兵
		8月	2日 石山本願寺撤退	8月	2日 信長、光秀に丹波国を与える
			15日 信長、佐久間信盛・信栄を追放。その折檻状の中で、光秀の軍功を絶賛する		
			17日 大阪から京へ移動		信長、細川藤孝に丹後国、筒井順慶に大和国を与える（光秀与力の勢力範囲が拡大する）
		9月		9月	25日 ● 奈良に入る
		12月		12月	19日 坂本城にいる光秀を、筒井順慶が訪ねる
					20日 坂本城で茶会を催す
天正9年	1581	1月	15日 安土城下で爆竹開催	1月	6日 坂本城にて連歌会を行う。茶会を催す
					15日 安土での年中行事「爆竹」の開催責任者の任務をこなす
		2月	20日 上洛	2月	
			28日 京都で馬揃え。信長の姿を「住吉明神の影向」と表現		28日 信長が京都で馬揃えを催す。光秀、奉行する
		4月	10日 竹生島参詣	4月	
		6月		6月	2日 家中軍法を定める
		8月	1日 安土で馬揃え	8月	● 大和郡山に入る
					● 秀吉の援軍として因幡に出兵
					7日 信長に仕えていた妹「御ツマキ」死亡
		9月		9月	4日 信長、丹後一色義有らの知行分を割いて、光秀・藤孝に頒ち与える
		12月		12月	4日 家中法度を定める
天正10年	1582	1月	1日 新年を安土で迎える。本丸を公開する	1月	1日 年頭の礼のため安土で信長と面会する。本丸御幸之間を見学する
					7日 茶会を催す
					20日 小天主にて茶会を催す
			25日 伊勢神宮の上遷宮を主導。3000貫寄進。更に追加寄進を表明		25日 茶会を催す
					28日 茶会を催す
		2月	9日 信濃・甲斐掃討を宣言	2月	
		3月	5日 信長出陣	3月	5日 信長、安土から甲州へ、甲斐武田勝頼攻めに出陣する。光秀従軍する
			11日 勝頼自害		信長に従う
			26日 信忠に天下の儀を御与奪		
		4月	21日 安土城に帰城	4月	

和暦	西暦	月	信長	月	光秀
天正10年	1582	5月	15日　3日にわたり、徳川家康、穴山梅雪を接待	5月	15日　信長より家康饗応の役を命ぜられる 信長より国替えを命じられる
					17日　坂本へ引き返し、西国攻めの準備をする
					26日　坂本を発ち、丹波亀山に入る
					28日　愛宕山に参詣し、籤を引く
			29日　上洛		29日　愛宕山西坊で里村招巴らと連歌を興行し、神前に納める。亀山に帰る
		6月	2日　本能寺の変。信長、信忠自害		2日　本能寺の変。信長、信忠自害 山岡景隆が勢田橋を落としたため、安土に進軍できず 夕刻、坂本城に入る
					5日　安土城に入る。長浜、佐和山を接収
					6日　多賀大社を保護する
					7日　安土で勅使吉田兼見と面会
					8日　安土から坂本に入る
					9日　上京し、銀子を禁中及び諸寺に献ずる。鳥羽に出陣する
					13日　信孝・秀吉の軍と山崎にて戦い、敗れる。坂本城に向かう途中、小栗栖にて、土民に襲われ、自害
					14日　明智秀満、安土城を出て、坂本城に入る
					15日　堀秀政、坂本城を攻める。秀満、光秀の妻子及び自分の妻（光秀の娘）を刺殺して自害

◉参考文献

高柳光寿『明智光秀』（吉川弘文館、１９５８）
桑田忠親『明智光秀』（新人物往来社、１９７３）
高島町『高島町史』（１９８３）
大津市『新修大津市史７　北部地域』（１９８４）
桑田忠親校注『新訂信長公記』（新人物往来社、１９９７）
小和田哲男『明智光秀　つくられた謀叛人』（ＰＨＰ研究所、１９９８）
大津市『新図説大津の歴史　上巻』（１９９９）
松田毅一・河崎桃太訳『完訳フロイス日本史３　織田信長編Ⅲ』（中央公論新社、２０００）
近江八幡市『近江八幡の歴史　第六巻　通史Ⅰ』（２０１４）
大沼芳幸『信長が見た近江『信長公記』を歩く』（サンライズ出版、２０１５）
柴　裕之『図説　明智光秀』（戎光祥出版株式会社、２０１９）

◉協力者

滋賀県立安土城考古博物館・高島市教育委員会・滋賀県水産試験場・琵琶湖汽船株式会社・大沼直子・勝見龍照（見塔寺）・西教寺・坪内真優・畑佐実・横田洋三

記して御礼申し上げます。

◉イラスト製作

早田まな

◉画像

キャプションに注記の無い画像は全て著者が撮影した。

著者紹介

大沼 芳幸（おおぬま よしゆき）

略　歴

1954年山形県新庄市生まれ。1982年私立佛教大学博士後期課程中退。1983年滋賀県教育委員会文化財専門職員採用、2011年滋賀県立安土城考古博物館副館長を経て、2015年より公益財団法人滋賀県文化財保護協会普及専門員。

2016年「琵琶湖八珍の取り組み」に対して博物館活動奨励賞受賞。

NPO法人歴史資源開発機構 主任研究員。

専門分野

琵琶湖をめぐる文化史を考古・歴史・美術・民俗・漁業・環境など幅広い視点から研究し、成果の普及活動を行っている。

主な著作

（単著）『白洲正子と歩く琵琶湖——江北編 山、命生む母性への祈り』海青社、2019

（単著）『白洲正子と歩く琵琶湖——江南編 カミと仏が融けあう処』海青社、2018

（単著）『琵琶湖八珍——湖魚の宴絶品メニュー』海青社、2017

（単著）『信長が見た近江——信長公記を歩く』サンライズ出版、2015

（共著）『おいしい琵琶湖八珍——文化としての湖魚食』サンライズ出版、2015

（共著）「琵琶湖沿岸における水田開発と漁業——人為環境がもたらした豊かな共生世界」吉川弘文館「環境の日本史2」、2013

ほか

AKECHI Mitsuhide and Lake BIWA

by OONUMA Yoshiyuki

明智光秀と琵琶湖《あけちみつひでとびわこ》

本書のHP

発　行　日：2019年10月20日 初版第1刷
定　　価：カバーに表示してあります
著　　者：大　沼　芳　幸
発 行 者：宮　内　　久
印刷･製本：亜細亜印刷株式会社

海青社
Kaiseisha Press
〒520-0112 大津市日吉台2丁目16-4
Tel. (077) 577-2677 Fax (077) 577-2688
http://www.kaiseisha-press.ne.jp
郵便振替　01090-1-17991

ISBN978-4-86099-368-9 C0021 Printed in JAPAN.
落丁･乱丁の場合は弊社までご連絡ください。送料弊社負担にてお取り替えいたします。